我们发挥政府投入的主体和主导作用，宁肯少上几个大项目，也优先保障脱贫攻坚资金投入。**8** 年来，中央、省、市县财政专项扶贫资金累计投入近 **1.6** 万亿元，其中中央财政累计投入 **6601** 亿元。打响脱贫攻坚战以来，土地增减挂指标跨省域调剂和省域内流转资金 **4400** 多亿元，扶贫小额信贷累计发放 **7100** 多亿元，扶贫再贷款累计发放 **6688** 亿元，金融精准扶贫贷款发放 **9.2** 万亿元，东部 **9** 省市共向扶贫协作地区投入财政援助和社会帮扶资金 **1005** 亿多元，东部地区企业赴扶贫协作地区累计投资 **1** 万多亿元，等等。我们统筹整合使用财政涉农资金，强化扶贫资金监管，确保把钱用到刀刃上。真金白银的投入，为打赢脱贫攻坚战提供了强大资金保障。

——习近平总书记在全国脱贫攻坚总结表彰大会上的讲话

（**2021** 年 **2** 月 **25** 日）

财政脱贫攻坚系列丛书

脱贫攻坚　财政使命

——财政脱贫攻坚工作专题报告

财政部脱贫攻坚领导小组办公室　编

中国财经出版传媒集团
中国财政经济出版社

图书在版编目（CIP）数据

脱贫攻坚　财政使命：财政脱贫攻坚工作专题报告／财政部脱贫攻坚领导小组办公室编．--北京：中国财政经济出版社，2021.6

（财政脱贫攻坚系列丛书）

ISBN 978-7-5223-0292-8

Ⅰ.①脱…　Ⅱ.①财…　Ⅲ.①扶贫-工作报告-中国　Ⅳ.①F126

中国版本图书馆CIP数据核字（2020）第264443号

丛书责编：蔡丽兰　梁　飞

责任编辑：贾延平　　　　责任校对：张　凡

封面设计：中通世奥　　　　责任印制：刘春年

脱贫攻坚　财政使命

TUOPIN GONGJIAN　CAIZHENG SHIMING

中国财政经济出版社 出版

URL：http：//www.cfeph.cn

E-mail：cfeph@cfeph.cn

社址：北京市海淀区阜成路甲28号　邮政编码：100142

营销中心电话：010-88191522

天猫网店：中国财政经济出版社旗舰店

网址：https：//zgczjjcbs.tmall.com

北京时捷印刷有限公司印刷　各地新华书店经销

成品尺寸：170mm×240mm　16开　15.75印张　182 000字

2021年6月第1版　2021年6月北京第1次印刷

定价：48.00元

ISBN 978-7-5223-0292-8

（图书出现印装问题，本社负责调换，电话：010-88190548）

本社质量投诉电话：010-88190744

打击盗版举报热线：010-88191661　QQ：2242791300

编委会名单

序言

财政是国家治理的基础和重要支柱，在打赢脱贫攻坚战中肩负着特殊的重要职责。党的十八大以来，各级财政部门坚持以习近平总书记关于扶贫工作的重要论述为根本遵循，认真贯彻落实党中央、国务院的决策部署，把打赢脱贫攻坚战作为最紧要的政治责任、最重要的政治任务、最大的民生工程，坚决优先保障好脱贫攻坚投入，持续完善财税支持政策，切实加强扶贫资金管理，扎实推进定点帮扶工作，引导带动全社会扶贫，为如期打赢脱贫攻坚战、全面建成小康社会作出了积极贡献。2021 年 2 月 25 日，习近平总书记在全国脱贫攻坚总结表彰大会上发表重要讲话，充分肯定了财政脱贫攻坚取得的成绩和作出的贡献。

财政部脱贫攻坚领导小组办公室组织编写的《财政脱贫攻坚系列丛书》，包括《脱贫攻坚　财政担当》《脱贫攻坚　财政使命》《脱贫攻坚　财政故事》三册，以翔实的文字、系统的数据、鲜活的素材、生动的案例，全面回顾了财政脱贫攻坚进程，介绍了财政脱贫攻坚取得的丰硕成果，展现了财政脱贫攻坚工作中涌现的一批先进事迹，充分体现了广大财政扶贫干部为民服务的家国情怀、勇于创新的历史担当、尽职奉献的工作作风。

习近平总书记多次强调，脱贫摘帽不是终点，而是新生活、新奋斗的起点。打赢脱贫攻坚战后，要继续巩固拓展脱贫攻坚成果，接续全面推进乡村振兴。征途漫漫，惟有奋斗。各级财政部门要进一步增强“四个意识”、坚定“四个自信”、做到“两个维护”，在以习近平同志为核心的党中央坚强领导下，积极发挥财政职能作用，强化乡村振兴资金和政策保障，发扬伟大的脱贫攻坚精神，以永不懈怠的精神状态、一往无前的奋斗姿态，真抓实干、埋头苦干，为全面建设社会主义现代化国家，实现第二个百年奋斗目标作出新的贡献。

财政部党组书记、部长： 刘昆

2021 年 5 月 1 日

目录

第一篇　投入保障

第二篇　“三保障”和饮水安全

第三篇　其他行业扶贫

第四篇　资金监管

第五篇　定点扶贫

第一篇　投入保障

一、扶贫资金投入

财政部认真贯彻落实习近平总书记关于“扶贫开发投入力度，要同打赢脱贫攻坚战的要求相匹配”的重要指示精神，始终把脱贫攻坚工作摆在重要位置，不断健全与脱贫攻坚任务相适应的投入保障机制。认真履行脱贫攻坚政治责任，坚守脱贫攻坚现行目标标准，围绕补齐“两不愁三保障”突出短板，尽力而为，量力而行，按照“大扶贫”格局要求，在加大中央财政投入的同时，督促指导地方各级财政加大投入，引导各方面资金形成投入合力，实现财政扶贫投入增幅远高于财政支出平均增幅，为打赢脱贫攻坚战提供了充足的“粮草军需”和有力支撑。

（一）不断加大财政脱贫攻坚投入

在财政收支形势严峻的情况下，各级财政部门想尽一切办法，克服重重困难，在预算安排中优先保障脱贫攻坚投入。

1. 财政部调整优化一般性转移支付结构，加大均衡性转移支付、县级基本财力保障机制奖补资金等投入力度，并向贫困地区、革命老区、民族地区等重点地区倾斜，提高地方可统筹安排使用的财力水平，为因地制宜做好脱贫攻坚工作提供财力保障。

2. 发挥财政专项扶贫资金投入主渠道作用。2016—2020 年，中央财政专项扶贫资金投入 5305 亿元，连续 5 年每年增加 200 亿元；地方各级财政不断加大财政专项扶贫资金投入力度，省级财政专项扶贫资金投入约 3802 亿元，市级财政专项扶贫资金投入约 1348 亿元，县级财政专项扶贫资金投入约 2949 亿元。

3. 中央财政加大生态、光伏、金融、交通等行业扶贫投入，加大向贫困地区特别是“三区三州”等深度贫困地区的倾斜力度，适当提高部分资金补助比例或标准，贫困地区民生保障水平不断提升。在中央财政加大投入的同时，督促指导地方认真落实“省负总责”要求，加大省级脱贫攻坚投入，共同做好脱贫攻坚投入保障工作。

在生态扶贫方面，2016—2020 年，中央财政安排生态护林员补助资金 201 亿元，支持中西部 22 个省份选聘建档立卡贫困人口为生态护林员。截至 2020 年 6 月底，共选聘超过 100 万建档立卡贫困人口担任生态护林员，精准带动 300 余万贫困人口脱贫和增收。

在支持光伏扶贫方面，2018—2020 年，财政部会同相关部门公布三批光伏扶贫补贴目录，累计拨付光伏扶贫补助资金 207 亿元，惠及贫困户 279 万户。光伏扶贫电站的发电收益夯实村集体经济基础，用于开展公益岗位扶贫、小型公益事业扶贫、奖励补助扶贫等。

在支持金融扶贫方面，为建档立卡贫困户量身定制了“5 万元以下、3 年期以内、免抵押免担保、基准利率放贷、财政贴息、县建风险补偿金”的扶贫小额信贷政策、产品和服务。2016—2020 年，全国累计发放小额信贷 7200 多亿元。

4. 支持贫困县统筹整合财政涉农资金。通过放权改革赋予贫困县统筹整合涉农资金自主权，支持其盘活存量、用好增量，聚焦短板弱项精准发力。2016—2020 年，全国 832 个贫困县累计整合财政涉农资金超过 1.55 万亿元，贫困县平均每年可统筹用于脱贫攻坚的资金，由整合前的几千万元增加到年均 3.74 亿元，为保障贫困县集中资源打赢脱贫攻坚战发挥了积极作用。

（二）运用财税政策工具撬动社会投入

在发挥财政投入“主渠道”作用的同时，积极创新脱贫攻坚投入机制，统筹运用财税政策工具，推动形成“大扶贫”格局。

1. 落实城乡建设用地增减挂钩节余指标跨省域调剂政策。实施城乡建设用地增减挂钩节余指标跨省域调剂政策以来，筹资 1896 亿元，全部用于支持脱贫攻坚和乡村振兴，覆盖全国 397 个深度贫困县、1100 多万建档立卡贫困人口，有效拓宽了中西部地区脱贫攻坚和乡村振兴的资金渠道。

2. 加大地方政府债务资金支持脱贫攻坚力度。“十三五”期间，中央财政累计安排政府债务限额 3849 亿元，支持易地扶贫搬迁、贫困村提升工程等脱贫攻坚重点项目，要求向贫困地区特别是“三区三州”等深度贫困地区倾斜。其中，按照渠道调整、标准不变的原则，2018—2020 年，中央财政累计安排相关省份支持易地扶贫搬迁的地方政府债券规模 2450 亿元，足额保障了各省易地扶贫搬迁筹资需求。

3. 指导督促东部地区继续做好东西部扶贫协作工作。财政部高度重视东西协作工作，通过强化管理、加强督促指导，压实地方责任，促进工作有效开展。2016—2020 年，东部 14 个省（市）实际投入东西部扶贫协作的财政资金累计达 739 亿元。2016—2019 年，东西部协作资金、项目累计带动贫困人口 822 万人次。

4. 进一步加大税收优惠力度。在现有公益捐赠优惠政策的基础上，密集出台了进一步鼓励扶贫捐赠的税收支持政策，有效引导社会力量广泛参与扶贫捐赠。

5. 发挥财政和金融政策合力。通过贴息引导金融机构发放扶贫贷款，规范扶贫小额信贷管理，督促地方加强贷款风险防范，完善风险补偿机制，促进扶贫小额信贷规范发展。开展中央财政对地方优势特色农产品保险奖补试点，奖补政策向贫困地区倾斜。在加大农业生产发展资金等财政投入的同时，采取以奖代补、贷款贴息、基金投资、保费补贴等多种方式，提高财政支持产业发展资金的使用效益。利用政府投资基金、农业信贷担保等政策工具，引导更多社会和金融资本投向脱贫攻坚。

6. 积极运用政府采购政策支持脱贫攻坚。财政部会同有关部门出台支持脱贫攻坚的政府采购政策，制定政府采购贫困地区农副产品实施方案，要求各级预算单位预留一定比例食堂食材采购份额采购贫困地区农副产品，搭建贫困地区农副产品网络销售平台，集中展示贫困地区优质农副产品，促进产销精准对接，各项工作取得积极成效。截至 2020 年底，平台供应商覆盖 832 个国家级贫困县，交易额达近百亿元，惠及上百万农户，带贫益贫成效显著。

（三）不断优化脱贫攻坚投入结构

在加大投入总量的同时，调整优化投入结构，聚焦短板弱项精准发力，支持解决突出问题，不断提高财政扶贫资金的使用效益。

1. 集中资源解决好义务教育、基本医疗、住房安全、饮水安全方面存在的突出问题。义务教育方面，2016—2020 年，中央财政共安排教育相关资金 9251 亿元，在分配相关资金时，考虑“贫困人口数”“贫困发生率”等因素，向贫困地区特别是深度贫困地区、挂牌督战地区倾斜。基本医疗方面，逐年提高对城乡居民医保的补助标准，由2016年的每人每年420元提高到550元，2016—2020年，中央财政共下达城乡居民医保补助资金14435.5亿元，用于对包括贫困人口在内的各地参保城乡居民予以补助。此外，2018—2020年，中央财政每年通过医疗救助渠道安排40亿元，专项用于支持提高深度贫困地区农村贫困人口医疗保障水平，发挥医疗救助托底作用。住房安全方面，2016—2020年，中央财政累计安排农村危房改造补助资金1286亿元，支持完成建档立卡贫困户等4类重点对象危房改造任务。饮水安全方面，2016—2020年，中央财政安排国家级贫困县水利发展资金累计1189亿元，支持贫困地区实施防汛抗旱水利提升工程、水土流失综合治理、饮水工程维修养护等水利工作。其中，将贫困地区农村饮水工程维修养护纳入中央财政水利发展资金支持范围，2019—2020年共安排资金39.6亿元。

2. 重点支持“三区三州”等深度贫困地区脱贫攻坚。2018—2020年，中央财政新增安排深度贫困地区脱贫攻坚资金2140亿元，其中“三区三州”1050亿元，为深度贫困地区如期脱贫发挥了重要作用。其中，在分配中央财政专项扶贫资金时，对深度贫困地区予以分类分档支持，使脱贫任务重的地区获得更多资金支持，资金投向更加精准有效。

3. 加大对挂牌督战地区投入。2020年，中央财政在收支形势严峻的背景下，安排用于挂牌督战地区支持脱贫攻坚资金417亿元。在有关资金政策的倾斜支持和挂牌督战工作的有力推动下，挂牌督战地区财力缺口足额补齐，“三保障”和饮水安全问题基本解决，易地扶贫搬迁工作基本完成，消费扶贫工作稳步推进，脱贫攻坚收官工作取得了决定性进展和显著成效。

二、贫困县统筹整合使用财政涉农资金试点

（一）贫困县统筹整合使用财政涉农资金试点综述

2015 年 11 月 27 日，习近平总书记在中央扶贫开发工作会议上指出，“在增加财政投入的同时，要加大扶贫资金整合力度。一方面财政投入不足，另一方面有限的资金又被分割，造成资金使用效率低下，各地对此反映强烈。这个问题表现在下边，根子在上边，必须下决心解决”。《中共中央 国务院关于打赢脱贫攻坚战的决定》（以下简称《决定》）提出，“按照权责一致原则，支持连片特困地区县和国家扶贫开发工作重点县围绕本县突出问题，以扶贫规划为引领，以重点扶贫项目为平台，把专项扶贫资金、相关涉农资金和社会帮扶资金捆绑集中使用”。

财政部坚决贯彻落实习近平总书记的重要指示精神，认真贯彻党中央决策部署，深入开展调研，广泛听取基层意见，在全面深入研究的基础上，创造性地提出了“盘活存量资金，推动放权改革，支持开展贫困县统筹整合使用财政涉农资金”的思路建议。2016 年 4 月，财政部牵头起草并以国务院办公厅名义印发了《关于支持贫困县开展统筹整合使用财政涉农资金试点的意见》（国办发〔2016〕22 号），正式启动实施整合试点。

1. 统筹整合使用财政涉农资金的主要举措

贫困县涉农资金整合试点主要通过中央和省级下放权限，赋予832个贫困县统筹整合使用财政涉农资金的自主权，由县级根据一线脱贫攻坚需求统筹安排资金，因地制宜自主安排脱贫攻坚项目，聚焦短板弱项精准发力，不断化“零钱”为“整钱”，集“小钱”成“大钱”，努力推动形成“多个龙头放水、一个龙头出水”的扶贫投入新格局，为贫困县集中资源打赢脱贫攻坚战提供充足的“粮草军需”和财政政策支撑。整合试点政策措施包括增强贫困县财政保障能力、加大对贫困县倾斜支持力度、发挥贫困县统筹整合使用资金主体作用、创新财政涉农资金使用机制、构建资金统筹整合使用制度体系五个方面。归纳起来，中央层面的主要政策措施有以下三项：

（1）增幅保障。按照财政投入力度要与脱贫攻坚任务相适应的要求，中央财政优化转移支付结构，明显加大对贫困地区的农业、水利、交通、生态等专项转移支付力度，扩大县级基本财力保障、生态功能区转移支付等一般性转移支付规模和比例，提升贫困县财政保障能力。同时，要求省级将纳入整合范围的各项资金进一步向贫困县倾斜，原则上用于贫困地区、贫困人口的资金增幅不低于该项资金的平均增幅。仅此一项举措，使贫困县每年能够统筹安排的资金规模由2016年以前的几千万元增加到2020年的县均超过3.7亿元，大大增强了贫困县自主安排资金用于扶贫项目的能力，为集中资源打赢脱贫攻坚战提供了有力的资金保障。

（2）充分放权。中央和省级将资金项目审批权限完全下放到贫困县，不指定整合资金具体用途，不审批整合资金项目，主要做好政策制定、资金下达、制度建设、组织协调、督促指导等工作。发挥贫困县统筹整合使用资金主体作用，支持贫困县依据本地脱贫攻坚规划，区分轻重缓急，确定好重点扶贫项目和建设任务，统筹安排好相关涉农资金，交由县级相关部门具体落实。2016 年以来，财政部会同相关部门先后对 14 项纳入整合范围的资金管理制度和办法进行了修订完善，取消资金“戴帽”下达、对贫困县仍按约束性任务考核、要求地方“专款专用”等限制整合条款，以制度促规范，从源头扫清制度障碍。例如，财政部、水利部制定的《水利发展资金管理办法》明确，在脱贫攻坚政策实施期内，有关省分配给贫困县的水利发展资金一律采取“切块下达”，资金项目审批权限完全下放到县，不得指定具体项目，不得以任何形式干扰贫困县统筹整合使用资金。又如，审计署专门发文，明确“对继续限定财政涉农资金具体用途或干扰统筹整合使用的，要坚决查处、坚决曝光”。通过上述放权改革举措，有效减少了部门干扰整合现象，打消了基层“不能整”的担忧和“不敢整”的顾虑，为基层用好用活整合政策提供了坚强的制度保障。

（3）严格考核。权限下放后，如果忽视监管，简单地“一放了之”就有可能出现“一放就乱”的问题。为此，财政部会同相关部门，着力抓好监管和考核工作，从严从实要求，确保各项改革举措真正落实到位。2016 年，及时修订财政专项扶贫资金绩效评价指标，及时将贫困县统筹整合使用涉农资金成效情况纳入考评范围，评价结果作为省级党委政府脱贫攻坚成效考核的组成部分，并相应建立奖优罚劣机制。其中，对推进整合试点工作成效较好的省份每省奖励 5000 万元，让积极推进资金整合的贫困县在资金分配上能够得到更大支持；对试点存在问题较多、排名靠后的省份予以通报甚至约谈，层层传导压力。2018 年，又根据脱贫攻坚形势变化适时动态调整评价指标，将对整合试点的考核重点由制度建设、方案编制、培训指导等向项目实施效果、精准脱贫成效等转变，把脱贫成效作为衡量整合成果的主要标准，逐步提高实地抽查项目的数量，加大资金使用成效指标权重和分值。2019 年，针对“省级扶贫开发领导小组向中央相关部门通报整合试点情况”落实不到位的问题，将通报落实情况及时纳入当年考核内容，使这一要求得到较好落实。

2. 统筹整合使用财政涉农资金的主要做法

在中央财政的统一部署下，各级财政部门高度重视整合试点，统一思想，积极推进整合工作，在整合试点的制度体系、工作机制、政策指导和执行监管等方面投入大量精力，采取了一系列得力措施，取得了显著的改革成效。

（1）抓好统筹协调，注重衔接配套，形成中央部门工作合力。一是建立协同机制。财政部积极履行牵头职责，建立支持整合试点工作协调机制，成立了由 13 个部门构成的协调机制办公室，专门召开会议，研究推动放权改革，跟踪试点情况，完善配套政策，交流试点经验，凝聚中央有关部门工作合力，协调推进整合试点工作。联合国务院扶贫办等有关部门，开展贫困县涉农资金整合专项督查、联合调研核查等，对各地整合试点工作发现的问题，集中会诊，共同剖析，合力解决，督促指导问题整改。

二是健全支持政策。持续跟踪和及时研判试点进展情况，结合脱贫攻坚形势变化，适时审慎完善政策，与时俱进细化政策要求。2016—2020 年，财政部会同国务院扶贫办，连续 5 年制定印发指导文件，加强对整合试点工作的针对性指导。一方面，落实国办发〔2016〕22 号文件和“四个不摘”要求，允许摘帽贫困县继续整合使用涉农资金，保持整合试点政策的延续性、稳定性；另一方面，针对越来越多贫困县脱贫摘帽，工作重点由脱贫攻坚向巩固脱贫成果、衔接推进乡村振兴转变的新形势，适时调整完善政策要求。如 2019 年指导文件提出，允许已脱贫摘帽县结合巩固脱贫成效和攻坚实际，将整合资金适当用于必要的农村人居环境整治项目，推动脱贫攻坚与乡村振兴有机衔接。

三是落实通报制度。在财政部和省级财政部门内部建立整合资金文件下达会签制度的同时，要求省级将本地各项整合资金实际安排使用情况，特别是跨类别使用的规模及占比等情况向中央有关部门通报，使相关部门及时掌握本行业部门资金被整合的情况以及整合其他资金用于支持本行业脱贫攻坚任务情况，并将其作为部门加强指导、督促问责的依据。

（2）抓实政策落地，注重跟踪指导，推动解决基层“不会整”的难题。财政部坚持贴近基层“手把手”推进改革，把“跟踪调研—培训指导—释疑解惑—推动工作”作为一项基本的工作方法，常做常新，长抓不懈。一方面，抓好“前面引”。通过组织召开整合试点现场工作会、座谈会、专题培训班等多种方式，一竿子插到底帮助基层全面准确掌握政策和管理要求，避免政策信息传递缺失、执行打折。总结梳理各地典型经验，编印《贫困县涉农资金整合工作简报》《财政扶贫工作简报》超过 20 期。针对各地反映的共性问题，印发 4 期《财政扶贫工作“问与答”》，有针对性地及时答疑解惑，交流工作经验，形成了沟通联系顺畅、协调配合紧密、步调一致的联动协作政策引导机制。另一方面，督促“后面推”。围绕整合试点开展了一系列实地调研，深入一线跟踪指导试点进展，督促地方抓好落实。将各省整合政策培训情况、信息上报、政策宣传情况作为每年资金绩效评价的重要指标，推动政策落实落地。

（3）抓牢执行监管，注重强化监督，有效杜绝“乱整合”的问题。针对一些地区整合试点出现的接不住、管不好，甚至不作为、乱作为等现象，财政部打出了一套资金监管“组合拳”。

一是推进公示公开。在整合试点过程中全面实行公开公示制度，将整合方案、项目库、项目实施、资金管理等情况在县乡公开，进一步创新公开公示方式，准确有效传递信息，主动接受群众和社会监督。

二是强化日常监管。将整合试点政策落实和问题整改情况作为财政部各地监管局日常监管的重要内容，并适时组织专项核查，加大就近就地监管力度。部内各相关司局在日常工作中，注重围绕整合资金使用、资金绩效管理等开展调研督导，及时发现问题，及时答疑解惑，及时督促整改。层层压实监督责任，要求省级相关部门加大监督检查力度，明确贫困县对涉农资金管理监督负首要责任，贫困村第一书记、驻村工作队、村委会也要深度参与。

三是抓好监控分析。在试点初期，财政部按月对各地统筹整合资金情况进行收集分析，督促各省提高数据报送和方案审核质量。此后，利用财政扶贫资金动态监控平台，单独开发设立统筹整合财政涉农资金报表模块，按季度在“线上”对全国832个贫困县整合试点情况进行分析研判，做到实时精准查询、现状精准分析、问题精准反馈，层层溯源，初步实现了预算指标跟踪下达、资金使用监控预警、资金落实统计汇总等监控分析功能。

3. 主要成效与经验

整合试点于2016年启动，当年各省纳入试点范围的县达到700多个，远远超过国办发〔2016〕22号文件关于“试点贫困县数量不少于贫困县总数的三分之一”的要求。2017年，试点进一步扩大到832个连片特困地区县和国家扶贫开发工作重点县，实现了贫困县全覆盖。2016—2020年，全国832个贫困县累计统筹整合使用各级财政涉农资金规模超过 1.55 万亿元，每个贫困县年均整合资金规模超过 3.7 亿元。同时，扶贫资金投向进一步优化，日趋合理。2020 年，整合资金用于农业生产发展的资金规模占已完成支出资金规模的 48.8%，较 2016 年上升 18 个百分点；用于农村基础设施建设的资金规模达到 46.3%，较 2016 年下降 1.5 个百分点；用于其他方向的资金规模下降到 4.9%，下降 16.4 个百分点，实现了统筹资源精准支持脱贫攻坚的初衷。

（1）探索了“放管服”改革的新形式。中央和省级有关部门把资金、项目审批权限交给贫困县后，工作重点由以往的“分资金、定项目”，向政策解读、工作指导、资金监管、跟踪问效等方面转变。通过放、管、服结合，特别是注意完善配套措施、跟踪指导服务，改变了以往“一放就乱”“一管就死”的局面，探索形成了财政资金管理新格局。湖北建立负面清单管理制度，明确“五个不得”“五个防止”，允许县级自主安排项目和资金。江西取消限制整合的各项规定，明确各地各部门不得以部门专项规划、约束性任务为由，限制贫困县统筹整合资金，不得考核贫困县约束性任务完成情况。云南对中央和省级财政涉农资金实行“先切块、后下达”，切块的标准是分配到贫困县的每一项资金增幅不低于该项资金的全省平均增幅，给贫困县吃下“定心丸”；同时改革资金的省级下达方式，淡化部门资金色彩，统一以“云财整合”资金文号下达并注明用于“精准扶贫”。上述举措，为贫困县因地制宜，瞄准薄弱环节攻坚克难发挥了重要作用。

（2）形成了扶贫资金供给的新格局。通过整合资金，将不同渠道、不同用途的财政涉农资金归集捆绑、统筹使用，解决了资金安排“碎片化”的问题，缓解了财政资金沉淀和滞留。青海着力从资金源头促进整合，对现有涉农资金全面清理，重新归并分类使用，进一步明确支持对象、扶持环节、投入重点、资金用途等，把“零钱”化为“整钱”，仅2016—2017年纳入整合范围的资金规模就达到288亿元。湖北建立健全负面清单制度，充分赋予县级资金安排自主权，在“因需而整”的前提下做到“应整尽整”。2016年以来，28个贫困县统筹整合资金1193亿元，实现集中财力办大事，为打赢脱贫攻坚战提供了强有力支持。河北2016—2019年省级以上财政专项扶贫资金仅262.83亿元，整合试点政策实施后，可用于脱贫攻坚的省级以上资金规模达649.12亿元，是原来的2.5倍。

（3）激发了贫困县脱贫攻坚的新动力。整合试点允许贫困县围绕脱贫攻坚规划，在农业生产发展和农村基础设施建设范围内调整资金用途、统筹安排资金，极大地赋予了贫困县自主权限，激发了地方政府内生动力。甘肃调整优化整合资金支出结构，实际用于农业生产发展方面的资金由2017年的38.4亿元，上升到2019年的130.6亿元，激发了产业扶贫动力和活力。山西整合资金集中办大事的“拳头效应”逐步显现，相关贫困县充分发挥能动性，优先发展有助于贫困人口持续增收的项目，建立完善与贫困群众的利益联结机制，激活贫困群众的自主意识和“造血”能力。河北、甘肃等省用好用活资金整合政策，支持实施“金鸡产业项目”，创新产业发展模式，完善利益联结和分享机制，为贫困群众稳定增收和产业发展水平提升注入了可持续动力。

（4）开创了精准扶贫的新局面。整合试点将项目和资金权限下放，通过科学的规划和有效的项目平台进行承接，确保资金投向最重要的方向、最急需解决的问题、最关键的环节、最准确的对象。安徽通过整合涉农资金，为持续推进资产收益扶贫工作提供资金保障，带动贫困村村均增收2.65万元，带动31.28万建档立卡贫困人口人均增收495.7元。湖南江华县通过整合资金形成了“小微企业进乡村，农业产业建基地，旅游产业谋全域”的产业扶贫模式，推动407家小微企业进驻乡镇和村，引进和培育390多家农业企业、专业合作社，带动2万多个贫困人口与扶贫经济组织建立利益联结机制发展产业。云南镇雄县确保整合资金精准使用，切实补齐短板弱项，投入民族团结示范项目、人居环境、村公共活动场所等建设项目7.53亿元，打造别具特色的民族示范点，有效探索与乡村振兴的有机衔接。

整合试点政策在贫困县统筹安排资金支持脱贫攻坚工作中发挥了重要作用，解决了贫困地区扶贫资金项目“小散乱”的问题，形成了“多个龙头引水，一个龙头放水”格局。整合试点政策有效缓解了财政资金沉淀和滞留现象，为深入推进财政涉农资金管理体制改革和扶贫领域供给侧结构性改革探索了一条新路，得到了贫困地区党委政府和基层干部群众的普遍欢迎。时任中央政治局委员、国务院副总理汪洋同志在2016年底召开的中央农村工作会议讲话中指出，“此事各省领导同志在扶贫座谈会上均予以积极评价，有进一步推广的基础”。国办发〔2016〕22号文件的出台，被网友评为2016年脱贫攻坚十件大事之一。基层财政部门更是将此项政策视为“雪中炭和及时雨”。2020年10月，贫困县涉农资金整合政策荣获“全国脱贫攻坚奖组织创新奖”。

（二）安徽：探索整合模式　建立工作机制

2016年以来，安徽省深入学习贯彻习近平总书记关于“坚持加大投入、强化资金支持”的系列重要讲话和指示精神，落实国务院关于支持贫困县统筹整合财政涉农资金的部署要求，紧紧围绕脱贫总目标，突出“六个精准”，完善政策制度，创新工作机制，加强工作指导，严格监督管理，为贫困县打赢脱贫攻坚战，巩固拓展脱贫成果提供资金保障。

1. 制度建设情况

（1）出台实施意见。出台《安徽省人民政府办公厅关于支持贫困县统筹整合使用财政涉农资金的实施意见》，明确试点工作的目标任务、实施原则、实施区域、资金范围、工作措施和工作要求等，明确涉农资金整合试点工作“一方案一办法三清单”（统筹整合方案、资金管理办法、项目任务清单、统筹整合清单和资金绩效清单）机制，实行“项目—资金—绩效”的闭环管理，是安徽省开展贫困县涉农资金整合试点工作的纲领性文件。

（2）细化试点流程。先后制定了《安徽省支持贫困县开展统筹整合使用财政涉农资金试点工作操作指南》《贫困县涉农资金整合试点工作规程》，对试点县整合资金方案编制报备、操作程序、项目与资金匹配、相关部门职责等作出明确规定，保证试点工作规范进行。结合脱贫攻坚形势变化，每年印发关于做好贫困县涉农资金整合试点工作的通知，对整合资金投向等进行动态调整，确保整合工作规范，资金使用高效。

（3）规范资金使用。围绕加强资金监管和绩效管理，出台《安徽省财政扶贫资金管理办法》《安徽省扶贫项目资金绩效管理办法》，并于2019年对管理办法进行了修订，同步制定了《财政扶贫资金使用“负面清单”》，严防资金超范围、超标准使用，严禁列支基本支出、楼堂馆所、奖金补贴等支出，杜绝“刷白墙”等形象工程、政绩工程，划定整合资金使用的“红线”，形成覆盖贫困县涉农资金整合试点工作全过程的制度体系。

2. 省级指导情况

（1）强化“简政放权”。2016年底，在省直相关部门间建立贫困县涉农资金整合试点协调机制，省财政厅和省扶贫办保持常态化互动沟通，加强整合资金拨付审核，保障下达贫困县的中央有关涉农资金增幅高于全省平均增幅。同时，加大对纳入整合范围的项目资金的放权力度，省级在下达相关财政涉农资金时，对分配国家级试点县的资金一律采取“切块下达”，不指定具体项目或提出与脱贫攻坚无关的任务要求，对试点县相关资金约束性任务完成情况不进行考核。

（2）规范审核备案。自 2019 年初以来，省财政厅会同省扶贫办等省直部门，四次对贫困县报送的年度涉农资金整合方案进行联合审核，共排查脱离目标标准、使用不精准等问题 201 个，涉及资金 16.9 亿元。规范贫困县涉农资金整合试点备案程序，提请以省扶贫开发领导小组会议的方式对试点县年终方案进行审议，并按规定将整合资金来源去向等情况抄报中央有关部门，相关做法得到财政部的充分肯定，并在全国范围内推广。

（3）开展培训调研。从 2016 年起，每年两次组织开展财政涉农资金试点专题培训，累计培训基层干部近 1000 人次，解读中央政策精神，听取市县意见建议，并对做好试点工作提出具体要求。先后四次赴阜阳市、六安市和安庆市有关县区调研，了解试点县工作推进情况、存在的问题，形成调研报告报省扶贫开发领导小组，作为改进政策、创新举措的重要参考。加强试点工作宣传，在《安徽日报》《中国财经报》和安徽电视台多次宣传安徽省试点工作典型做法和成效，为试点工作营造良好环境。

（4）加强指导跟踪。先后下发四期财政扶贫工作“问与答”，对试点县在整合工作中遇到的疑难问题进行解释答疑，每季度对贫困县试点工作情况进行统计调度，定期通报试点县整合资金支出情况，对支出进度低于序时进度的县区进行约谈，督促县区规范操作，强化举措，务求实效。

3. 工作进展情况

（1）探索了成熟的整合模式。经过几年的探索和实践，安徽省基本形成了“一办法一方案三清单一台账”的整合模式，试点县制定整合管理办法和年度整合方案时，同步编制整合资金清单、项目清单和绩效清单，记好资金整合台账，动态跟踪整合项目实施和资金支出情况，建立“资金、项目、绩效”三位一体的整合模式，推进试点县“按需整合”“实质整合”，促进试点工作规范开展和资金精准使用。

（2）形成了稳定的工作机制。多数试点县区均成立了政府主要领导或分管领导为组长，有关部门（单位）主要负责人为成员的试点工作领导小组，并建立相应的协调机制、项目机制和监督机制，统筹推进试点工作。如阜阳市颍东区由区政府主要领导挂帅，任试点工作领导小组组长，分管领导任副组长，领导组下设办公室、规划项目组、资金审计组和绩效考评组，形成了指挥有力、统筹协调、分工明确的整合推进机制。

（3）提供了有力的资金保障。2016—2020 年，全省 20 个国家级贫困县累计整合资金 511.7 亿元，其中 2016 年 89 亿元，2017 年 118.6 亿元，2018 年 106.6 亿元，2019 年 97.9 亿元，2020 年 99.6 亿元。

4. 基层主要做法

（1）健全制度办法，构建整合制度体系。试点县按照要求，及时制定出台了统筹整合资金管理办法、资金整合年度方案和三项清单，保障试点工作有章可依，依规推进。安庆市岳西县结合本地实际，按照县负总责、强化监管，统筹整合、突出重点，精准实施、注重实效的原则，先后制定出台了《岳西县统筹整合使用财政涉农资金实施办法》《岳西县统筹整合使用财政涉农资金实施方案》《岳西县涉农整合资金管理办法》《岳西县统筹整合财政涉农资金使用方案》等系列文件，为全县开展涉农资金整合试点提供政策遵循。

（2）合理确定规模，规范试点流程。为确保试点工作有力推进，各试点县根据本年度需要实施的扶贫项目，区分轻重缓急，合理确定整合资金规模，及时匹配资金项目，并认真组织落实。如六安市金寨县根据全县脱贫攻坚年度计划，确定年度实施的扶贫项目和资金需求，对计划整合的涉农资金按照投向进行预算调整，报县人大常委会批准后，由县脱贫攻坚领导小组统一批复项目，县财政同步下达资金指标到项目主管部门，保证试点各环节程序合规，操作规范。

（3）坚持目标导向，保障资金使用绩效。各地按照政策要求，将脱贫成效作为整合资金绩效评价的重要因素，建立健全考核评价机制，保障资金使用绩效。如阜阳市颍东区制定出台《涉农资金整合项目绩效考评办法》，综合考虑部门绩效、属地绩效和全区综合绩效，将乡镇、部门扶贫项目实施、整合资金使用管理情况及财政、审计检查结果等，作为绩效考评的重要依据，纳入脱贫攻坚综合考核；岳西县对相关部门单位的涉农资金整合率、资金到位率、项目完成率及项目整体效果进行评价，结果列入县直单位年度绩效考核，与部门预算相挂钩。

（4）严格全程管理，确保整合资金安全。试点县区结合实际，及时将有关数据录入扶贫资金动态监控平台，开展监控预警，督促纠偏整改，防止资金闲置，提高资金使用绩效。强化整合全过程管理，着力疏通问题堵点，推动试点工作走深走实。如望江县将项目实施主体落实到乡镇，报账和监管责任主体落实到县直主管部门，严格执行扶贫资金拨付国库集中支付的规定，采取按进度拨付方式支出扶贫资金，对竣工项目及时验收，资金及时拨付。审计局、扶贫办、财政局联合开展2016—2018年度乡镇扶贫项目专项审计，覆盖全县60个贫困村。

5. 试点主要成效

（1）提升了涉农资金的配置效率。开展贫困县涉农资金整合试点，打破了现行的涉农资金管理机制，破解了“打酱油的钱不能买醋”的现状，进一步优化了涉农资金供给，挖掘了财政资金脱贫成效，推动了精准扶贫、精准脱贫有效实施。

（2）激发了县级工作积极性。通过支持贫困县统筹整合使用财政涉农资金，推动权力下放和制度松绑，真正让贫困县有权力、有动力履行脱贫攻坚主体责任，同时也是倒逼贫困县积极作为、切实履行扶贫的主体责任，有效激发保障了县级政府统筹整合使用涉农资金的积极性，从根本上为县级集中力量办大事提供了制度保障。

（3）促进了脱贫目标的顺利完成。贫困县涉农资金整合试点的开展，为全省20个国家级贫困县摘帽、197万贫困人口脱贫提供了有力资金保障。安徽省20个国家级贫困县中，2017年摘帽1个，2018年摘帽10个，2019年摘帽9个，退出当年综合贫困发生率均低于2%，错退、漏评均为0，贫困县平均贫困发生率降至0.24%，群众认可度均超过90%，教育、医疗、就业、社会保险、养老、住房安全、残疾人保障等基本公共服务主要领域指标达到全省平均水平。截至2019年底，贫困县农村居民人均可支配收入增长幅度平均为10.6%，均高于全省平均水平，绝对值从2013年的7444元，提高到2019年的13414元。

（三）河南：集中资金资源 攻克贫困堡垒

自 2016 年 6 月 12 日起，河南省按照国务院统一部署，支持贫困县集中资金资源攻克贫困堡垒，取得了显著成效。

1. 主要做法

涉农资金统筹整合试点是助力脱贫攻坚的重大举措。河南省委省政府抢抓政策机遇，在深入研究论证的基础上，确定在全省 38 个国定贫困县试点的同时，在 15 个省定贫困县和 10 个脱贫攻坚任务较重县（以下简称"参照县"）同步开展涉农资金整合试点，并注重全省整合试点政策的顶层设计，以省委省政府两办名义印发试点办法，扎实推进涉农资金统筹整合工作。

（1）明确整合什么。在统筹整合中央安排的农田水利设施建设、农业技术推广与服务、涉农基建投资等 17 类资金的基础上，一并将省级财政安排的农业产业化集群发展、农村小型水利设施建设等 13 类资金进行同步整合，对纳入统筹整合范围的中央和省级财政资金列出详细目录，哪些资金纳入整合一目了然，清单化管理，资金下达时单列贫困县指标并标明可统筹，指导市县实现精准整合。

（2）明确谁来整合。为确保省定贫困县也能够如期完成脱贫攻坚任务，将 15 个省定贫困县、10 个参照县与 38 个国定贫困县一道纳入试点范围，国定贫困县可整合中央和省级以下相关资金，省定贫困县和脱贫攻坚任务较重县可整合省级以下财政安排的相关资金，在力度上符合加大贫困县资金供给的政策精神，在权限上符合中央和省级资金分类整合的规定要求。

（3）明确怎样整合。按照渠道不变、充分授权、便于基层操作的原则，省财政对纳入统筹整合的中央和省级相关资金一律切块下达，单列补助贫困县资金额度，县级支出统一列“21305 扶贫”相应明细科目。同时，省级层面建立政策指导、协调推进、督导帮扶的纵向工作联动机制，创新采取“交叉互审 + 联合会审”方式，对市县统筹整合资金报备方案进行严格审核把关，在县级层面建立方案编制、项目论证储备、招标采购、资金支付等工作横向协调推进机制，有效保证了整合资金投向合理、流程合规。

（4）明确如何监管。聚焦资金分配、使用、监管等关键环节健全完善管理制度体系，运用互联网技术建立扶贫资金动态监控系统，构建起“制度 + 技术”的扶贫资金监管模式，从扶贫资金预算安排到项目竣工验收等全过程实施动态监控，实时掌握扶贫资金具体流向。同时，对监控系统中发现的问题及时跟进督促，核实整改，建立起线上预警与线下处理的联动管理机制，促进扶贫资金与扶贫项目高效匹配。试点政策实施以来，对全省 53 个脱贫摘帽县和 10 个参照县整合的 1044 亿元资金实现了监控全覆盖。

2. 试点成效

试点政策实施以来，38 个国定贫困县整合相关资金 791 亿元，15 个省定贫困县整合资金 224 亿元，10 个参照县整合资金 25 亿元，既拓宽了扶贫资金来源渠道，解决了脱贫攻坚投入不足问题；又从制度机制上创新了涉农资金使用管理，解决了涉农资金“碎片化”问题，实现了财政资金真正意义上的统筹整合使用，大大提高了涉农资金配置效率和使用效益，办成了一直要办而办不成的事，解决了长期以来想解决而未能解决的问题，非常切合贫困县财力薄弱而任务艰巨的脱贫攻坚工作实际。呈现以下几个特点：

（1）资金使用精准度全面提升。实施涉农资金统筹整合试点后，做到“多个渠道引水，一个池子蓄水”，县级可根据脱贫攻坚实际需要选择投入重点，统筹使用资金，区分轻重缓急，集中资金、聚拢资源、重点突破，实现了涉农资金“大类间打通、跨类别使用”的实质性整合。如兰考县2016年统筹整合财政涉农资金6.2亿元，是2015年扶贫投入9320万元的6.6倍，集中解决了一批阻碍贫困村发展的基础设施建设滞后和产业发展资金瓶颈问题，有力助推了兰考县率先脱贫摘帽。

（2）贫困县积极性充分发挥。原来涉农资金定好项目后“带帽”下达，县级被动接受，县级虽然照单接收，但热情不高，责任意识也不强。试点实施后，将资金管理使用自主权交给县级，县脱贫攻坚领导小组根据实际统筹谋划、安排实施项目，自主决定先干哪个、后干哪个、不干哪个，大大调动了贫困县精准使用、精细管理统筹整合资金的积极性和主动性。例如，为使金融扶贫落地，卢氏县综合运用贴息、担保保费补贴等多种政策工具，引导带动金融资本助力脱贫攻坚，有效解决了贫困群众贷款难题，取得了明显成效。

（3）权责匹配的工作机制得以确立。涉农资金统筹整合政策将资金使用和项目选择权限下放到县、责任落实到县，指定的职能部门为责任主体，相关部门各负其责。省级部门从繁杂的项目审批、审核、实施转变为定政策、问绩效、强监督，同时县级由原来向上级部门“跑项目、争资金”转到“重管理、建机制、强绩效”上来。民权县成立6个项目资金监督检查组，分单位、分片区进行扶贫项目推进和资金使用情况督导，情况直接反馈指挥部主要领导，夯实了各级各部门的工作责任，形成了领导高度重视、部门主动参与、各级齐抓共管的脱贫攻坚工作合力。

（4）涉农领域“放管服”改革深入推进。涉农资金统筹整合顶层授权、省级放权、县级获取相应自主权，权力得到瘦身、市场得到强身、百姓最终受益，有力地推动了简政放权、放管结合、优化服务，促进了政府与社会主体、政府与农民之间关系的增进理顺，“放管服”改革成效彰显。栾川县围绕产业发展和贫困人口脱贫增收，科学编制年度统筹整合财政涉农资金实施方案，利用统筹整合政策集中资金、聚拢资源，将扶贫项目选择与全域旅游、村集体经济发展、特色产业相结合，打造了“栾川印象”山区特色产业、全域旅游民宿经济等，帮助扶贫对象增加收入，有效促进了栾川经济社会发展。

（四）湖南：“整”出大格局　“扶”出新成效

1. 背景及意义

湖南属于贫困大省，全省共 40 个国家扶贫开发重点县和集中连片特困县，11 个省级贫困县，建档立卡贫困人口 682 万人，精准扶贫、精准脱贫任务重，财政投入压力大。为支持贫困县打赢脱贫攻坚战，2016 年 7 月，湖南省人民政府办公厅印发了《关于推进贫困县统筹整合使用财政涉农资金工作的实施意见》，决定在全省 51 个贫困县开展统筹整合使用财政涉农资金试点，在 20 项中央财政涉农资金的基础上，对省级相关部门管理的目标接近、投入方向类同、管理方式相近的 19 项涉农资金进行统筹整合，建立“多个渠道引水、一个龙头放水”的涉农资金统筹整合使用工作机制，有效提升财政涉农资金使用精准度和效益，充分发挥财政涉农资金在脱贫攻坚中的集聚效应，激发贫困地区内生动力和发展活力，为打赢脱贫攻坚战提供重要支撑。

2. 主要做法

（1）加强组织领导，确保“推得开”。涉农资金统筹整合涉及面广、政策性强、社会关注度高，必须在省级层面加强统筹谋划，最大限度减少推进阻力，确保改革步调一致、有序推进。一方面，注重部门协同。湖南省财政厅充分发挥牵头协调作用，会同省扶贫办多次与相关省直单位开展调研座谈，共同探讨、协商解决整合过程中的困难和问题，最大限度清除思想障碍、明晰改革图景、凝聚改革共识，有效发挥部门职能、资源、信息优势，形成职责明确、协调配合、良性互动的整合工作机制。另一方面，狠抓政策落地。按照国务院《关于支持贫困县开展统筹整合使用财政涉农资金试点的意见》精神，结合湖南实际，以省人民政府名义出台《关于推进贫困县统筹整合使用财政涉农资金工作的实施意见》，明确了改革的任务书和路线图。多次赴市州、县市区开展实地调研和监督检查，确保涉农资金整合改革方向不跑偏、措施不落空、效果不打折。

（2）构建省级“引水”机制，确保“放得下”。湖南省财政对行业内涉农资金，通过优化管理模式，在打消部门顾虑的同时，赋予贫困县更多相机施策和资金使用的自主权，切实增强地方统筹整合能力。

一是加强资金整合力度。在中央层面已明确的20项资金全部纳入统筹整合范围的基础上，进一步加大整合力度，把目标接近、投向类同、管理方式相近的省级19项涉农资金纳入统筹整合范围，并要求市州本级单独安排的专项资金最大限度整合投入贫困县。

二是保障资金统筹规模。纳入统筹整合范围的中央和省级资金实行“先切块、后分配”，各项资金切块安排到贫困县的比例不得低于55%。其中，财政专项扶贫资金切块比例不得低于85%，农村危房改造补助资金不得低于65%。

三是实行因素法分配资金。根据精准扶贫、精准脱贫的实际需要，将资金分配因素分为扶贫指标和行业发展指标两大类，其中，扶贫指标权重占70%，由省扶贫办根据各贫困县贫困类型、贫困人口规模、贫困发生率等指标，分项测算后汇总提供；行业发展指标权重占30%，由省级相关部门根据具体工作实际设置。

四是下放资金审批权限。对纳入统筹整合范围内的中央和省级涉农资金，实行资金使用、项目审批、政府采购、招投标、项目管理、监管责任“六到县”，省级相关部门不得指定项目和资金具体用途。由各贫困县根据脱贫攻坚规划，自主确定项目、自主安排资金、自主组织实施。

（3）搭建县级“放水”平台，确保“接得住”。结合湖南实际，因地制宜搭建脱贫攻坚平台，同时加强督促指导，支持贫困县统筹资金用于精准扶贫。

一是坚持扶贫规划引领。贫困县把统筹整合资金年度使用方案与脱贫攻坚规划、部门专业规划有机结合，发挥脱贫攻坚规划的引领作用，建立完善了脱贫攻坚项目库，根据脱贫攻坚规划，结合年度减贫目标，区分轻重缓急安排项目，逐一落实。

二是强化资金使用管理。要求贫困县围绕“两不愁　三保障”，合理安排项目和资金，统筹资金、资产、资源、集中力量精准扶贫，制定统筹整合资金管理办法，明确了部门工作职责、操作程序、资金投向、监督管理措施等，防止将统筹整合资金用于搞“盆景式”扶贫、平衡各种关系。

三是加强培训指导。为解决工作中遇到的实际问题，省财政每年组织政策培训，编发学习资料，讲解整合政策，现场答疑解惑，提高基层财政扶贫干部业务能力水平。组织编制涉农资金统筹整合方案，形成示范模板，编印资料手册下发各贫困县，同时赴部分贫困县开展现场交流，讲解政策，辅导开展工作。指导市县设定指向明确、细化量化、合理可行的扶贫项目资金绩效目标，通过扶贫资金动态监控系统、绩效管理自评等方式加强整合资金绩效目标管理，对于发现偏离绩效目标的情况，及时予以纠正，确保实现绩效目标。明确整合资金使用的“负面清单”，对于超范围使用整合资金的情况及时予以纠偏。

（4）建立监督考核机制，确保“管得严”。湖南财政通过不断加强制度建设、下放审批权限、完善涉农资金项目库等措施，确保扶贫资金安全高效使用。

一是完善公开公示制度。在门户网站公开涉农资金政策文件、管理制度、资金分配等信息，并督促贫困县公开涉农资金来源、用途和项目建设等信息，确保整合资金在阳光下运行。各贫困县公开统筹整合使用的各项涉农资金来源、用途和项目建设等情况，并实施扶贫项目行政村公示制度，接受社会监督。如湖南省麻阳县采取“互联网＋监督”模式，将扶贫项目和资金在互联网全部公开、公示，建立数据查询平台，收到了较好的社会效果。

二是建立约束激励机制。把统筹整合工作和资金使用管理作为独立评估的重要内容，重点依据统筹整合工作开展情况和日常检查结果，对贫困县统筹整合工作进行考核计分。对工作开展不力、成效不理想的贫困县，限期整改；对工作成效显著的贫困县，在扶贫资金分配上给予适当奖励，2017—2020 年，共安排奖励资金 2.5 亿元。

三是构建多元监管体系。制定贫困县统筹整合工作绩效考评办法，统一明确考评内容，统一设定考评指标，改专项考核为综合考核，改部门单独考评为部门联动考评，确保部门“放权而不抽身”，避免了“一放了之”“一放就乱”。加强财政、扶贫、审计、监察和其他涉农部门配合，对资金监管实行常态化监管，形成左右互通、上下联动的整合资金监管机制，确保统筹整合资金使用安全。充分运用扶贫资金动态监控系统、“互联网+监督”平台等方式加强整合资金监管。探索引入第三方独立监督，引导贫困人口、社会公众主动参与监督，形成多元化监管机制，提升监管效果。深入推进扶贫领域作风建设，严肃查处截留、挤占、挪用扶贫资金等违法违规行为，确保资金安全高效使用。

（5）鼓励市县因地制宜创新整合模式，确保“落得地”。湖南省财政鼓励支持市县围绕打赢脱贫攻坚战和实施乡村振兴战略，因地制宜开展多形式的涉农资金整合改革，取得了初步成效。

一是平江模式。岳阳平江县由县扶贫等部门牵头统一规划，主要由乡镇或村组织实施，部门主要参与制订项目实施计划和技术指导，负责审核、报账、验收和监管。县财政牵头做好整合制度建设、资金平台搭建、整合资金监管、资金绩效管理等工作，做到整合规范有序、资金投向精准、资金使用安全，确保统筹整合工作成效。

二是江华模式。永州江华县成立13个扶贫战斗组全力推进涉农资金统筹整合，建立从项目申报、计划批复、资金下达、项目实施、预算执行、信息公开、项目验收、档案管理、绩效评价等全过程监督管理，搭建统筹整合新格局；按照项目资金“统一规划、统一安排、统一下达”的原则，分类确定牵头部门，实现一类资金一个部门牵头统筹负责，做到任务清、责任明、团结协作、各尽其责；建立健全项目资金“督催促追收”机制，通过专题会议督、支出排位催、绩效考核促、专项督查追、存量收财政等方式，确保了项目资金管得住、用得好、有效益。

三是靖州模式。怀化靖州县建立统筹整合工作会议协商机制，由财政和扶贫部门牵头，组织有关扶贫行业部门和乡镇，定期召开统筹整合使用财政涉农资金协商会议，研究确定扶贫项目实施计划，调度扶贫项目实施进度、资金使用进度、绩效目标实现等情况，强化扶贫项目资金管理，打破各自为政的局面，实现财政涉农资金整合、使用和管理全县“一盘棋”。

四是宜章模式。郴州宜章县按“谁使用、谁主管”的原则，资金来源渠道不变，项目实施主体不变，相关部门根据脱贫攻坚规划，申报并组织实施项目。实行“四统一、二不变”：项目工程由实施单位统一公开招投标、资金统一专户专账管理、质量统一聘请专业公司监管、考核验收统一办法分别验收兑现奖惩；项目主体、主管部门、迎检主体不变，管理权限不变。

3. 几点启示

全省 51 个贫困县共统筹整合使用财政涉农资金超过 760 亿元，51 个贫困县已经成功脱贫摘帽，6920 个贫困村全部顺利出列，农村贫困人口减少到 19.9 万人。在推进贫困县涉农资金整合中，积累了一些粗浅的经验和体会：

（1）推进改革必须有勇于担当的“铁肩膀”。贫困县涉农资金统筹整合属于典型的“存量”改革，链条长、利益调整大、困难掣肘多，最难的是向自己“开刀”，削手中的权、去部门的利、割自己的肉，难度和阻力非常大。必须把改革当作检验党性原则的具体体现、考验“四个意识”的重要标尺，勇于做新时代改革的急先锋和行动派，推翻利益固化的藩篱、劈开阻隔流动的壁垒，向深层次利益关系和治理格局突破。

（2）推进改革必须有敢于破立的“大局观”。贫困县涉农资金统筹整合，表面上是资金使用方式的改变，实质上牵涉政府层级、职能、政策、规则等方方面面的深度调整。必须打破“一亩三分地”的思维定式，注重改革的系统性、整体性、协同性，特别是要将顶层设计与基层探索相结合，把“中梗阻”变为“接力棒”，既“破”又立，既“稳”又“进”，不搞“一刀切”，鼓励探索、弘扬创新、局部开花、面上结果，将中央、省的改革精神“一竿子插到底”。

（3）推进改革必须有善于成事的“金刚钻”。贫困县涉农资金统筹整合是大刀阔斧、立柱架梁式的改革，既要在战略上重视，更要战术上稳扎稳打、久久为功、善作善成。对盘子大、体量大、利益固化、问题棘手的部门，要从最难啃的骨头啃起，望闻问切、破解病灶，牵住“牛鼻子”，“一子落而活全盘”；对积极性高、思路清晰、措施可行、成效明显的市县，要加大激励力度，让简政放权催生新红利，搅活一池春水；对整合难、进度慢、效益不高的资金，要注重目标导向和问题导向相结合，采取“调、转、整”等手段，将盘活的存量转化为落实重大政策的增量，有效打破资源沉淀僵局；对部门分割、信息阻隔、监管乏力的老问题，要采取云计算、大数据、区块链的新办法，打造智慧数字系统，实现涉农资金管理扁平化、流程标准化、投入精准化、监控动态化。

（五）四川：深入开展统筹整合　集中火力脱贫攻坚

2016 年以来，四川财政打破“打酱油的钱不能买醋”瓶颈，大力支持贫困县开展涉农资金统筹整合试点，集中财力打赢脱贫攻坚战，取得显著成效。全省 88 个贫困县累计整合资金 1270 亿元，有效解决了筹资难题，切实弥补了农村基础设施和农业生产发展短板，助推实现了88个贫困县摘帽、11501个贫困村退出、625万贫困人口脱贫。

1. 落实五项措施，依法依规整合

四川严格落实五项措施，确保贫困县涉农资金统筹整合依法依规、应整尽整。

（1）规划引领。贫困县对标脱贫攻坚规划和“10+N”年度扶贫专项方案明确的脱贫攻坚主攻方向和目标任务，对标脱贫标准，逐村逐户把脉会诊开“药方”、定项目，精准对接整合资金，认真编制整合方案，确保整合项目资金围绕脱贫攻坚精准安排。

（2）严明政策。在中央确定的17项整合资金基础上，把省级财政专项扶贫等13项涉农资金全部纳入整合范围，做到“应整尽整”。规定整合资金必须围绕脱贫攻坚目标任务，在农村基础设施和农业生产发展范围内使用，对调整用途的整合资金必须报县级人民代表大会或人大常委会审查批准，做到“规范整合”。

（3）下放权限。实施“大专项+任务清单”管理，大力整合归并性质相同、用途相近、使用分散的涉农资金。目前，四川财政农业专项预算整合归并为11项，比2016年减少16项。按照“因素分配、切块到县、绩效挂钩”原则，实行目标、任务、资金、权责“四到县”，资金分配只下达额度、不再“戴帽”，只明确方向、不定项目，将纳入整合范围的所有涉农资金安排使用权、项目审批权、资金管理权全部下放到贫困县。

（4）纵横联动。四川财政加大贫困县涉农资金倾斜支持力度，确保分配贫困县资金增幅不低于平均增幅；创新实施贫困县均衡性转移支付单列单算，加大县级基本财力保障奖补，全面提高贫困县脱贫攻坚财政保障能力。各级扶贫、农业、水利、林业、交通等涉农资金主管部门修订完善各项制度，全面取消限制整合的各类规定。各级纪检监察、审计和监管部门将整合试点作为重点监督检查内容，为贫困县整合涉农资金保驾护航。

（5）全面监管。充分利用财政扶贫资金动态监控平台，对整合资金预算下达、执行、使用管理和绩效等进行动态监控。在 51 个县、7905 个村探索“互联网 + 精准扶贫智能代理记账”模式，规范村级财务和到村扶贫资金会计核算，全面加强资金的“末端”监管。集中 3 个月时间，在四川省全面开展财政脱贫攻坚大排查，发现并督促整改各类财政扶贫问题 4612 个，实现“清零”目标。

2. 严格六项制度，夯实配套支撑

为提高贫困县涉农资金统筹整合质量和效率，四川创新实施“六项制度”，全面夯实贫困县统筹整合涉农资金配套支撑。

（1）严把会签关口。创新实施会签制度，要求四川省级涉农部门、财政厅相关处室下达整合资金时，必须会签财政厅脱贫攻坚领导小组办公室。对资金文件是否纳入统筹整合范围、资金分配到贫困县的增幅是否达到政策要求等问题，从源头上进行严格把关，有效确保了整合资金“一个都不能少”“一项都跑不了”。

（2）定期反馈规模。四川财政按季收集汇总分配到每一个贫困县的中省整合资金情况，并逐一逐项反馈给贫困县，让贫困县“家底明”“底数清”。同时，汇总形成年度贫困县统筹整合涉农资金情况，“点对点”“项对项”向中央有关部委和省直有关部门汇报通报其管理的相关涉农资金在贫困县的统筹整合情况，让资金主管部门充分理解、掌握、支持、指导并监督整合工作。

（3）集中审核通报。紧盯项目、资金两大要素，省级财政、扶贫部门牵头，会同省级相关涉农部门，集中对贫困县报备的整

合方案政策合规性进行联合审核，并将审核意见分县逐一反馈，督促修改完善，全面提高贫困县整合方案质量。

（4）负面清单管理。明确规定整合资金不得用于国省干道等大中型基础设施建设，购买医疗、养老、扶贫等各类保险产品，偿还债务、垫资或投融资等十大类项目，确保了整合资金围绕农村基础设施建设和农业生产发展短板和弱项，精准投向脱贫攻坚，精确“滴灌”贫困群众。

（5）专项库款保障。在全国创新实施财政扶贫资金专项库款保障，指导督促四川省有扶贫任务的161个县在同级国库开设财政扶贫资金支出专户，省财政按月对市县统一调度，“真金白银”保障到县。对市县扶贫资金支出账户实行动态监控，定期对扶贫资金归集、使用、管理和支出情况进行通报。

（6）配套激励奖补。试点以来，四川财政已累计安排资金4亿元，对整合力度大、管理规范、成效显著的贫困县给予奖励；对工作重视不够、开展不好、推进不力的通报约谈，严格责任追究。

3. 创新三大模式，拓宽实现路径

四川省各贫困县灵活变通，积极探索资金管理模式，涉农资金统筹整合支持脱贫攻坚的作用得以更好发挥。

（1）蓄水统配。贫困县将统筹整合范围内的涉农资金通过预算调整，全部引入一个“资金池”。建立整合资金台账，按年度资金统筹整合使用方案，确定重点扶贫项目和建设任务，统筹安排涉农资金，优先选择脱贫攻坚项目库的扶贫项目推进实施。例如，四川省南江县将2019年整合资金4.3亿元全部投入“资金池”，精准对接脱贫攻坚项目库，确定了基础设施、产业发展和农村人居环境整治3个大类24个小类项目的整合资金投向。其

中，投入基础设施建设 2.8 亿元，投入农业特色优势扶贫产业发展 4000 万元，投入农村危房改造和农村人居环境整治项目 1.1 亿元，助力剩余的 19 个贫困村、8160 名贫困群众全部退出了贫困序列。

（2）截长补短。贫困县围绕脱贫攻坚规划中农业生产发展和农村基础设施建设方面的资金需求，把一般性的项目资金调整用于重点项目建设，把“锦上添花”的项目资金调整用于弥补贫困村、贫困户退出的短板，充实重点项目资金来源。例如，四川省苍溪县 2019 年调整一般性项目资金 0.56 亿元，围绕建设“苍溪雪梨”产业带，新建苍溪雪梨基地 2 万亩，猕猴桃基地 1650 亩，中药材、小水果、花椒等基地 5000 亩，粮油产业基地 6300 亩，水产基地 1000 亩，养殖小区 11 个。调整财政专项扶贫资金 1.2 亿元，维修整治 13 个贫困村贫困户通行道路，全面解决了贫困群众行路难、生产生活难、农产品出售难的问题。

（3）引流归口。贫困县打破行业界限，对方向相同、用途相近的财政涉农资金，实行行业归口管理。由行业部门统一规划设计、统一建设标准、统一补助标准、统一推动实施。例如，2017 年四川省宣汉县把财政部门管理的产粮大县奖励、交通部门管理的车辆购置税收入补助地方用于一般公路建设、农发办管理的农业综合开发补助、农办管理的幸福美丽新村建设、农业部门管理的农业生产发展等资金共 2.04 亿元，归口到农业局管理，组织建设了贫困村社道路 345.59 公里，发展了万亩茶叶、甜柿、柚子、粮油和黄牛、生猪、小家禽等种养殖业和乡村旅游业，推动实现了 5 万余户贫困群众户均增收 1100 元以上。

（六）云南：改革创新 激发活力

云南省财政厅率先在试点第一年将88个贫困县全部纳入试点范围，赋予贫困县整合涉农资金的自主权，推动贫困县涉农资金整合工作取得了实质性地进展，成效十分显著。

1. 形成一个“基本格局”：多个渠道进水，一个龙头放水

云南省试点范围涉及全省88个重点县和片区县，在试点范围内将各级财政安排用于农业生产发展和农村基础设施建设等方面的涉农资金全部纳入统筹整合，初步形成了贫困县涉农资金的“多个渠道进水，一个龙头放水”的基本格局。2016—2020年，中央和省级累计投入88个贫困县各类整合财政涉农资金1841.22亿元，为打赢脱贫攻坚战提供了强有力保障。整合财政涉农资金使县级政府无法分清资金原下达渠道，需县级政府紧扣打赢脱贫攻坚战大局主动作为，集中精力谋划“两不愁 三保障”和农村饮水安全等精准扶贫关键任务，集中财力办大事，统筹优化财政资源配置，县级政府治理理念发生明显转变。

2. 吃下一颗“定心丸”：不因资金整合而导致资金减少

在明确中央16项专项的基础上，云南省提出省级10项财政涉农专项资金全部纳入贫困县统筹整合。对纳入统筹整合使用的资金按照因素法采用切块方式下达，其中扶贫因素占60%，行业因素占40%，重点采用贫困人口和贫困发生率因素，确保分配到贫困县的每一项财政涉农资金的增幅不低于该项资金的全省平均增幅，并重点向“三区三州”等深度贫困地区倾斜，让贫困县吃下了不因资金整合而导致资金减少的“定心丸”。2016—2020

年，分配27个深度贫困县中央和省级整合财政涉农资金870.86亿元，占88个贫困县整合资金的1841.22亿元的47.29%。

3. 实现一个“突破”：两办发文强力推动

在云南这样一个欠发达省份开展涉农资金统筹整合，是直接动了部门“奶酪”，难度更大、阻力更多。在中央统一领导下，云南省委办公厅、省政府办公厅印发了《贫困县统筹整合使用财政涉农资金试点方案》，为云南省推进整合试点提供强有力保障。文件明确规定了省级部门不得限定纳入统筹整合使用的中央和省级专项资金在试点县的具体用途，扶贫资金带项目、带任务下达贫困县的“遥控指挥”时代在攻坚期得到有效解决。同时，涉农整合资金政策要求行业部门把资金使用权、项目审批权下放给贫困县，工作重点由以往的“分资金、定项目”向监督检查、跟踪问效转变，更加聚焦制度建设、政策解读、工作指导、调查研究，进一步深化了省级、州（市）行业部门“放管服”改革。

4. 做到一个“首次”：首次提前下达整合财政涉农资金

2016年以来省级财政专项扶贫资金提前下达比例均达到70%，大比例提前下达省级专项资金，既强化了新形势下扶贫攻坚的精准、约束和统筹，又提高了贫困县预算编制完整性和项目安排的可预见性。与此同时，按照《云南省财政专项扶贫资金对下转移支付资金分配管理办法》，明确了省对下财政专项扶贫资金州（市）、县下达拨付时限，即各州（市）财政局、扶贫办在收到省级财政专项扶贫资金后15日内下达到各县级，县级则应在收到项目实施方案批复之日起的15日内及时拨付第一笔启动资金，以加快项目实施进度和提高资金保障能力。

5. 确保一个“成效”：省级源头整合助推贫困县实质整合

云南省财政厅通过改革资金省级分配方式、下达方式，绩效评价方式等政策机制的设计，破除阻碍整合的体制机制性障碍，将中央和省级资金统一通过“云财整合”文号下达，弱化行业部门色彩，制定统筹整合涉农资金使用范围负面清单，明确中央和省级统筹整合涉农资金使用范围，制定《贫困县统筹整合使用财政涉农资金工作操作指南》，助推贫困县实现资金实质性整合。贫困县通过整合财政涉农资金，打破了专款专用的限制，解决了资金安排“碎片化”的问题，也使资金能够结合县级实际需求精准安排到急需项目。例如，昆明市寻甸县通过整合农村危房改造资金、宜居农房建设资金、残联残疾人建房补助资金、县级自筹资金、结余结转等资金，按照不同标准统一对四类对象和非四类对象危房改造进行补助，全县统一兑付标准及兑付模式，不再执行单项行业补助标准，体现了财政资金补助的公平性和公正性。

6. 坚持一个“导向”：坚持问题导向推进整改

云南省财政厅坚持问题导向，针对涉农资金整合方案编制质量低、县级整合协调机制未发挥作用、资金支出进度慢等问题，先后出台了《云南省财政专项扶贫资金县级结余结转综合治理办法（试行）》《财政专项扶贫资金绩效评价办法》《关于印发中央和省级统筹整合涉农资金使用范围负面清单的通知》等制度文件，分年度开展贫困县涉农资金整合年度方案审核，通过对发现问题的深入整改，进一步督促各地持续加强整合资金使用管理，为提高资金使用效益发挥了巨大推动作用。

7. 经验启示

（1）坚持自上而下推进改革是取得改革成功的重要保证。党的十八大以来，习近平总书记关于脱贫攻坚的历次重要讲话精神和指示要求，为云南省财政涉农资金省级源头整合改革提供了思想指引，注入了强大动力。国务院办公厅出台贫困县涉农整合政策，财政部先后出台一揽子制度，在工作机制、方法措施等方面打下了良好基础。云南省涉农资金省级源头整合改革是在全党、全国各级各部门坚决落实中央要求合力攻克贫困堡垒的大背景下，落实习近平总书记讲话精神和财政部工作部署的实践成果。改革之所以能够克服重重困难，把省、州、县各级各部门的思想统一起来，形成了自上而下强有力的改革推进力，离不开习近平总书记关于扶贫工作的重要论述，离不开党中央、国务院的坚强领导，离不开财政部的改革创新和有力指导，离不开省委省政府开展省级源头整合改革的坚定决心。

（2）坚持从群众中来到群众中去的工作方法是改革取得成效的重要基础。基层蕴藏着极大的改革动力和创新智慧，社会生活中存在的突出问题，人民群众看得最清楚、感受最深刻。习近平总书记在中央扶贫开发工作会议上关于“一方面财政投入不足，另一方面有限的资金又被分割，造成资金使用效率低下，各地对此反映强烈。这个问题表现在下边，根子在上边，必须下决心解决”的论述，要求我们要尊重基层和群众的首创精神，坚持从群众中来到群众中去的工作方法。云南省省级源头整合在中央整合政策的基础上，强化了权限下放的措施，贫困县真正拥有资金、项目的分配使用权，从根本上促进了目标、资金、项目、责任的有机结合，充分发挥了基层的主观能动性。

（3）坚持先易后难、积极稳妥是改革取得成功的重要路径。

省级源头整合改革必须综合考虑各种因素，逐步解决各类困难。例如：各行业涉农资金的规章制度和上下政策的衔接；资金分配、指标拨付、预算执行、项目管理、绩效跟踪等各环节职责细化；与农、林、水、扶贫、发改、环保、住建、交通等行业部门逐个沟通协商、统一思想；加强对州市、县级的宣传指导、深化政策理解等。破除这一个个难题，最终才能实现省级源头整合政策的落实、落细。云南省在改革推进过程中采取积极稳妥先易后难、由浅入深、阶梯推进、逐步到位的措施，在半年内建立了省级源头整合的政策框架，得到了省级行业部门的支持，并经省政府常务会议审议通过，改革措施得以落实。

三、税费支持政策

党的十八大以来，为贯彻落实党中央、国务院关于脱贫攻坚的总体部署，我们始终把脱贫攻坚工作摆在首要位置，切实履行脱贫攻坚政治责任，积极采取有效措施减税降费，确保高质量打赢脱贫攻坚战。特别是2018年以来，严格对标精准脱贫的要求，在保证原有支持“三农”税收优惠力度不减的基础上，研究出台了进一步支持脱贫攻坚的税费优惠政策，主要聚焦在支持易地扶贫搬迁、引导社会力量参与扶贫捐赠、促进贫困人口创业就业和支持欠发达地区发展等方面。各地及时制定具体落实措施，加强培训和宣传，密切跟踪执行，积极组织政策落地。

（一）支持易地扶贫搬迁

实施易地扶贫搬迁工程，是坚决打赢脱贫攻坚战，确保到2020年所有贫困地区和贫困人口与全国人民一道迈入全面小康社会的重要举措。为支持打赢易地扶贫搬迁攻坚战，2018—2019年，财政部会同税务总局、国家发展改革委等相关部门先后出台了支持易地扶贫搬迁的税收优惠政策和收费基金优惠政策。例如：对易地扶贫搬迁贫困人口取得的搬迁相关货币化补偿和安置住房，免征个人所得税；对易地扶贫搬迁安置住房建设运营涉及的契税、印花税、城镇土地使用税给予免征；对易地扶贫搬迁项目免征城市基础设施配套费、不动产登记费等。

上述政策的实施，切实减轻了易地扶贫搬迁贫困人口和项目实施主体的税费负担，有效促进了易地扶贫搬迁工作的顺利进行，对改善贫困地区基本生产生活条件发挥了积极作用。目前易地扶贫搬迁建设任务已全面完成，全国已实现搬迁入住建档立卡贫困人口约960万，搬迁入住率达99.9%以上。

（二）鼓励扶贫捐赠

为落实党中央、国务院精准扶贫的精神，加大对企业等向目标脱贫地区捐赠的支持力度，2019年，在现有公益捐赠优惠政策的基础上，财政部会同税务总局、国务院扶贫办等相关部门出台了多项进一步鼓励扶贫捐赠的税收支持政策，例如：对单位或者个体工商户通过公益性社会组织、县级及以上人民政府及其组成部门和直属机构，或直接无偿捐赠给目标脱贫地区货物，免征增值税；对企业通过上述单位用于目标脱贫地区的扶贫捐赠支出，准予在所得税前据实扣除；个人将其所得对扶贫、济困等公益慈善事业进行捐赠，捐赠额未超过纳税人申报的应纳税所得额30%的部分，可以从其应纳税所得额中扣除。

上述政策有利于广泛引导社会力量参与扶贫捐赠并提高资金使用效率，有效弥补了财政扶贫资金的不足。

（三）促进重点群体创业就业

就业是最大的民生，是“六稳”工作之首。为进一步加大对重点群体创业就业的支持力度，2019年，财政部会同税务总局、人力资源社会保障部等部门采取“提标+扩围”的方式，对现行政策进行了调整和完善，即将建档立卡贫困人口纳入优惠范围，将重点群体从事个体经营扣减标准由 8000 元/户·年提高到 12000 元/户·年，将企业招用重点群体人员扣减标准由 4000 元/人·年提高到 6000 元/人·年，并维持上浮比例不变。

该项政策有力地引导了贫困人口创业就业，有利于激发欠发达地区和农村低收入人口发展的内生动力，促进逐步实现共同富裕，对维护社会大局稳定，保障和改善民生发挥了积极作用。

（四）支持欠发达地区加快发展

为继续鼓励西部地区优势产业发展、支持西部地区脱贫攻坚，2020 年 4 月，财政部会同税务总局、发展改革委发布《关于延续西部大开发企业所得税政策的公告》（2020 年第 23 号），将 2020 年底到期的西部大开发企业所得税优惠政策实施期限延长至 2030 年 12 月 31 日，并将鼓励类产业项目当年度主营业务收入占企业收入总额限制比例由 70% 降至 60%，进一步扩大了优惠政策覆盖面。

四、金融扶贫

（一）金融扶贫综述

按照党中央、国务院关于扶贫工作部署，财政部统筹运用保费补贴、贷款贴息、担保降费等方式，充分发挥财政资金“四两拨千斤”的杠杆作用，引导金融资源助力脱贫攻坚。

1. 发挥农业保险保费补贴政策作用

贫困人口多在农村地区，且多从事农业生产，农业保险在扶贫工作，尤其是防止因灾致贫、因灾返贫中具有重要作用。我们积极利用农业保险这一政策工具，不断加大支持力度，助力贫困地区和贫困人口脱贫。2013—2020 年，中央财政累计拨付保费补贴资金 1506 亿元，不断推动农业保险“扩面、增品、提标”。为支持贫困地区特色农业产业发展，2020 年中央财政进一步扩大对地方优势特色农产品保险奖补试点范围，重点支持“三区三州”等深度贫困地区。2020 年中央财政拨付 13.12 亿元，比上年增长 127%。

据统计，2020 年农业保险为超过 2000 万户次建档立卡贫困户、不稳定脱贫户提供风险保障 2000 多亿元，为 700 多万户次受灾农户支付赔款 50 多亿元。

2. 推动普惠金融发展，撬动金融资源支持脱贫攻坚

加大创业担保贷款贴息支持力度，提高贷款额度，继续加大对贫困地区的政策倾斜，允许贫困地区个人创业担保贷款利率上浮不超过 2.5 个百分点，高于其他地区 1—2 个百分点，激发金融机构放贷积极性。2020 年，中央财政拨付创业担保贷款贴息资金 38.20 亿元，同比增长 54%。

2013—2020 年，中央财政累计拨付普惠金融发展专项资金 940 亿元，支持了超过 2.8 万家（次）金融机构，惠及数十万家（次）小微企业和超过 2200 万人（次）就业人员。

3. 积极发挥政府性融资担保作用

推动出台有效发挥政府性融资担保基金作用的指导意见，引导政府性融资担保机构聚焦支小支农。设立国家融资担保基金，为“三农”主体提供融资担保服务，截至 2020 年底，基金再担保合作业务规模突破 7000 亿元，担保户数 45.6 万户。基金推出扶贫开发贷款再担保专项业务，将“三区三州”和省定深度贫困地区担保贷款风险分担比例从 20% 提高到 30%，并免收再担保费，支持缓解贫困地区小微企业和“三农”融资难、融资贵问题。截至 2020 年底，扶贫开发贷款再担保专项业务规模达 30.7 亿元。

4. 规范 PPP 发展，调动社会资本力量参与脱贫攻坚

健全覆盖 PPP 全生命周期管理的制度体系，建立全国 PPP 项目财政支出责任监测预警系统，推动各地 PPP 项目规范落地实施。截至 2020 年底，全国 PPP 综合信息平台项目库累计入库项目 10010 个、投资额 15.4 万亿元，其中已签约落地项目 7091 个、

投资额 11.4 万亿元，已开工建设项目 4270 个、投资额 6.6 万亿元。其中全国 832 个贫困县中有 528 个县已探索运用 PPP 模式支持脱贫攻坚和乡村振兴，入库项目共 1615 个、投资额 1.2 万亿元。

设立中国 PPP 基金，制定基金绩效评价办法，引导基金对贫困地区加大支持力度。截至 2020 年底，签约集中连片特殊困难地区项目 41 个，签约投资额 215.97 亿元，涉及项目总投资 3481.83 亿元。

5. 规范和完善扶贫小额信贷管理

扶贫小额信贷政策自 2014 年起实施，专门针对建档立卡贫困户提供最高 5 万元免息贷款，财政部为配合单位。据统计，截至 2020 年 8 月底，全国扶贫小额信贷累计放贷 7200 亿元，贷款余额 1699 亿元，累计支持建档立卡贫困户 1500 万户次。2017—2020 年，各级财政共贴息 490 亿元。2020 年，会同相关部门完善扶贫小额信贷政策，扩大支持对象，将返贫监测对象中具备产业发展条件和有劳动能力的边缘户纳入支持范围，进一步明确扶贫小额信贷及续贷、展期等各项政策在脱贫攻坚期内保持不变，坚持户借、户用、户还，促进扶贫小额信贷规范发展。2020 年，扶贫小额信贷政策荣获“全国脱贫攻坚组织创新奖”。

（二）河南：“卢氏模式”遍地开花　金融扶贫以点带面

河南省在全省贫困发生率最高的卢氏县建设金融扶贫试验区，探索形成了以“证银联动、风险共担、多方参与、合作共赢”为基本理念，以金融服务体系、信用评价体系、风险防控体系、产业支撑体系等“四个体系”为主要支撑的金融扶贫“卢氏模式”，解决了“风险怎么防控、信用怎么评定、服务怎么保障、项目怎么选择、成本怎么降低”等影响金融扶贫政策落地的“五大障碍”，实现了金融扶贫与加强农村社会治理、健全社会信用体系、促进产业转型升级、夯实农村基层党建的“四个结合”，取得了良好的经济效益和社会效益，为全省金融扶贫探索了一条可复制可推广的路径。

1. 建设“四个体系”

（1）建设金融服务体系。着眼破解“银行网点少了，服务怎么保障”的障碍，通过整合行政力量、金融力量，成立县金融服务中心、乡金融服务站、村金融服务部的三级金融服务网络。明确了各司其职、衔接有序的制度和流程，县中心是“大脑”，负责统筹指挥、协调推动；乡镇服务站是“身子”，负责上下衔接、组织执行；村服务部是“手脚”，扎根农户、服务群众，实现了金融服务从“没人管”到“管到底”的转变。

（2）建设信用评价体系。着眼破解“贷款方式变了，信用怎么评定”的障碍，针对出现的“一个银行授信、其他银行不认、授信比例太低、贫困户大多无‘信’”的问题，采用“政府主导、人行推动、多方参与、信息共享”的方式，依据“三好三强”，“三有三无”的定性标准和13类120多项定量指标，对农户进行全方位信息采集，建立尽可能覆盖全部农户的信用信息数据库，实现了农户信用从识别难到信息全的转变。

（3）建设产业支撑体系。着眼破解“精准要求高了，项目怎么选择”的障碍，立足实际，因地制宜。突出当地优势育产业、围绕主导产业选项目，优先向主导产业项目贷款。突出造血机能求精准、围绕扶贫项目建机制。探索“龙头企业＋合作社＋农户＋基地”模式，化解农户“单打独斗”发展产业带来的风险，以信贷投向促进提高产业化发展水平，初步形成了“龙头企业带动、合作社组织、农户参与、基地承载”的利益联结机制，推动产业项目从“小散弱”向“专精深”转变。

（4）建设风险防控体系。着眼破解“资金投向变了，风险怎么防控”的障碍，建立风险分担机制和贷款熔断机制，从贷前信用审核、贷中用途管理到贷后违约追责全程把控，织密安全网，设好“防火墙”，最大限度降低贷后风险，推动银行从“不敢贷”变为“快放贷”。

2. 实现“四个结合”

（1）与健全社会信用体系结合起来，文明风尚日益淳朴。卢氏试点构建的信用评价体系，通过对全县农户尤其是贫困户进行信用信息采集和信用评定，使广大农户在历史上第一次有了信用等级。同时通过细化守信激励、失信惩戒的具体措施，将信贷信用与社会信用结合起来，推进了农村精神文明建设。通过把“农村文明诚信家庭”评选与金融扶贫评级授信有机结合，优先向“标兵户”“文明户”配置各种资源和支持政策，广大农户更加重视文明诚信，守信者更加珍惜信用记录，不少失信者为了取得信用等级，主动归还积欠债务，努力改变不良习气，向上向善讲诚信的社会好风尚正在形成。

（2）与加强农村社会治理结合起来，激发了内生动力。从扶贫实践中看，一些贫困户和贫困村存在“等着扶，躺着要”“靠着墙根晒大阳，等着上面送小康”的懒汉思想。卢氏试点建立的三级金融服务体系，尤其是直接和村民打交道的村级金融服务部，既搭建起了农户了解政策、争取政策、享受政策的桥梁，同时也发挥着加强社会治理的作用，对那些有“等靠要”思想却又想享受扶贫政策的懒汉亮起红灯，真正把“扶穷不扶懒，帮穷不帮懒”的政策落到了实处，激发了贫困地区和贫困户发展的内生动力。近年来，卢氏县建成产业扶贫就业基地 375 个、扶贫增收大棚 3290 个，带动农户 3.2 万户，7488 户贫困户实现就近就业，产业扶贫措施落实到位率 100%，产业叠加度由 2016 年的不足 1.5 提升到现在的 3.16；实现了有劳动能力的搬迁户至少有一人稳定就业，贫困群众每户有 3 条以上增收渠道。

（3）与促进产业转型升级结合起来，提升了产业水平。过去一些地方依托扶贫资金，免费给贫困户发放种苗，但由于贫困户没有种植和养殖技术，结果往往是种不出、养不好、效益低。现在通过龙头企业提供产前培育、产中指导、产后销售一条龙的服务，大大降低了经营风险，提高了农民收益，带动了产业发展。近年来，通过金融扶贫政策支持，全省绿色农业蓬勃发展，特色工业提质增效，生态旅游红红火火、电子商务井喷式增长，创新创业局面喜人，呈现出积极良好的产业发展态势。

（4）与夯实农村基层党建结合起来，巩固了坚强堡垒。在金融扶贫工作中，基层党组织和党员参与到信息采集、评级授信、信息更新和贷前把关、贷中服务、贷后监管，实现了政治功能与服务功能的有机结合，党支部的战斗堡垒作用得到充分发挥，村级组织吸引力明显提升。2017 年底，卢氏县创建五星级党支部 62 个，到 2018 年底星级支部总数达到 111 个，在 2018 年的村“两委”换届中，270 余名返乡能人、乡贤、退伍军人、退休干部主动投身到村干部队伍中，一批“80 后”“90 后”年轻人脱颖而出，成为村“两委”干部，村支书和主任平均年龄分别年轻了 2.5 岁和 2.9 岁，拥有高中及以上学历的人数增长近四分之一，致富带头人比例增长了四成多，涌现出了一批苦干实干、“双带”型村支书。

3. 全省复制推广“卢氏模式”成功经验

河南省委、省政府经过认真研究，自 2017 年开始在全省复制推广“卢氏模式”成功经验，各地在借鉴“卢氏模式”基础上，因地制宜进行本土化提升，目前已经形成了“遍地开花、以点带面、各具特色、齐头并进”的金融扶贫工作格局。

（1）层层动员部署。2017 年 7 月，河南省委、省政府先后召开现场会、电视电话会，对各市县金融扶贫工作进行安排部署。省直相关部门把复制推广“卢氏模式”作为金融扶贫工作的重中之重，通过会议部署、文件指导、实地督导等措施，层层压实责任，推动金融扶贫持续深入开展。各主要责任银行强化系统内力量调度整合，综合采取倾斜资源、单列计划、签订目标责任书等方式，加大工作推进力度。各市县把复制推广“卢氏模式”摆在脱贫攻坚的重要位置，加强工作谋划，明确时间表、路线图、任务书，确保卢氏模式落地见效。

（2）加强制度设计。省政府组织省金融局、省财政厅、省扶贫办等有关部门制定了一系列政策措施，从制度层面强化金融扶贫。2017 年 8 月，省政府办公厅印发了《扶贫小额信贷助推脱贫攻坚实施方案（暂行）》等六个方案，对推广“卢氏模式”的工作目标、重点投向、操作流程、支持政策、体系建设、组织保障等方面进行了明确。按月组织金融扶贫工作调度，分析金融扶贫形势，坚持问题导向，确定工作重点。连续三年省政府组织在卢氏县召开全省金融扶贫工作推进会议，对复制推广“卢氏模式”再安排再部署。

（3）强化督促指导。省脱贫攻坚巡查组和省金融扶贫硬仗指挥部成员单位在全省开展巡回督促指导，深入贫困县、贫困乡、贫困村、贫困户、扶贫车间、带贫企业，统筹采取明察暗访和座谈了解、专题调研等方式，加强金融扶贫工作推进。对基层在推广“卢氏模式”时反映的问题，各有关部门和金融机构给予积极协调解决。对国家和省级考核中发现的问题，分门别类制定整改措施，建立整改台账，压实整改责任，举一反三，深挖根源，确保金融扶贫工作质效。

（4）加大宣传培训。省市县各级深入组织开展金融扶贫培训，编印“卢氏模式”和金融扶贫政策宣传品，组织进村入户宣讲活动，系统讲解扶贫小额信贷政策，实现贫困户全覆盖，提升政策知晓率。组织河南日报等省级新闻媒体，深入基层开展系列宣传报道，为金融扶贫深入有效开展创造良好环境。

自 2017 年 7 月以来，“卢氏模式”在全省 51 个贫困县中被全面复制推广，取得阶段性成效：三级服务体系全面建立，金融服务延伸至 2.16 万个村，实现进村入户到人；农村信用体系借势推进，共采集 792.18 万户农户信息，采集率 85.13%，其中，建档立卡贫困户 111.21 万户，采集率 98.45%；风险防控体系逐步建立，共到位担保、风险补偿基金 24.35 亿元；产业支撑体系形式多样，新型农业经营主体蓬勃发展，成为带贫主力军。与此同时，非贫困县的复制推广工作也在逐步推进。

（三）海南：“保险＋期货”　助力脱贫攻坚

天然橡胶是我国的重要农产品和战略物资，也是海南广大胶农增加收入、改善生活的重要产业。海南天然橡胶年产量约 36 万吨，占全国总产量的 44.12%，涉及胶农 70 多万人、产业人口 200 余万人。在海南中部地区，售胶收入在当地农民生产收入中的比重高达 60%—70%。近年来，国际胶价低迷，胶工和胶农的收入大幅下降，导致人们的种胶割胶意愿不强，从业人员大量流失，出现了胶园弃割、弃管、弃种等一系列问题，给国家战略物资安全和海南脱贫攻坚工作带来了较大挑战。2018 年，海南探索创新财政金融支农方式，建立全省天然橡胶价格（收入）保险，破解天然橡胶产业发展面临的难题。

1. 基本情况

2018 年 8 月，《2018 年海南省农业保险工作实施方案》将天然橡胶价格（收入）保险纳入省级农业保险补贴范围，首次在全省开展天然橡胶价格（收入）保险试点。

2018 年 9 月，《海南省财政厅 海南省扶贫工作办公室关于印发海南省天然橡胶产业脱贫工程保险行动方案（2018—2020 年）的通知》，建立天然橡胶价格（收入）保险制度，在全省范围内正式推开天然橡胶价格（收入）保险，切实解决胶农因价格持续低迷致贫、返贫或难以脱贫的问题，帮助贫困胶农提高收入、脱贫致富，形成天然橡胶价格（收入）保险助力脱贫攻坚的长效机制。

2019 年 4 月，《海南省农业保险工作领导小组办公室关于加快推进 2019 年天然橡胶价格（收入）保险有关工作的通知》，进一步推动各市县采取有效措施积极开展天然橡胶价格（收入）保险工作，多渠道筹措资金加快推进建档立卡贫困胶农参保全覆盖工作，同时，鼓励适当提高非贫困户胶农保费补贴比例，减轻非贫困户胶农保费负担，并加大省级财政奖补力度。

2020 年 6 月，《2020 年海南省农业保险工作实施方案》提出改进天然橡胶价格（收入）保险的七条措施，从保险产品风险保障程度、财政扶持力度、保险理赔效率、保险服务质量、保险宣传力度、保险核保力度和部门沟通合作七个方面提出了更高的要求，使橡胶价格（收入）保险惠及更广大的胶农，助力脱贫攻坚。

2. 主要做法

按照种植对象区分，海南天然橡胶主要分为农垦国有胶（主要由海胶集团经营管理）和民营胶（即农户及除海胶之外的其他生产经营组织）两大类。经反复调研，扣除劳动力成本，胶农的割胶意愿值一般在 12 元/公斤（折成干胶）左右，即一旦干胶市场收购价格低于每公斤 12 元，胶农便会因亏损较大而放弃割胶。

（1）设计不同保险产品。根据上述具体情况，在积极借鉴、分析“保险 + 期货”模式经验和不足的基础上，加以创新和发展，进一步推出了可在全省实施的天然橡胶价格（收入）保险，并将其设计成两种产品模式，即民营胶价格（收入）保险和国营海胶集团收入保险。

一是民营胶价格（收入）保险模式。该模式保险金额为 15 元/公斤，直接对标当地收购价格，保险费率 12%（2020 年调整为 13%）。保险期限内，一旦收购均价（由物价部门定期采集发布）低于 15 元/公斤（折成干胶），保险机构便按照保险条款中对应的赔付比例及绝对免赔标准进行赔付，确保约定期间内无论收购均价多低，胶农的整体割胶收入（售胶收入 + 保险赔款）都不会少于每公斤 12 元这个最低割胶意愿值，以充分调动胶农割胶积极性。

二是国营海胶集团收入保险模式。国营海胶集团收入保险的保险金额为 16 元/公斤（2020 年调整为 15 元/公斤），直接对标上海期货交易所主力合约的天然橡胶期货价格，保险费率 16.8%（2020 年调整为 17.92%）。保险期间内，一旦期货平均价格低于 16 元/公斤（2020 年的 15 元/公斤），保险机构便对海南橡胶集团低于成本的差额部分给予赔付。另外，因自然灾害引起的产量损失部分，保险机构也予以赔偿。

（2）实施不同运作模式。对于国营海胶集团天然橡胶收入保险，在投保方式上采取全省一张保单的统保业务模式予以推动。而对于经营形式分散、各地收购价格不尽相同的民营胶价格（收入）保险，则主要采取单户自行投保、若干户联合投保（主要是种植合作社投保）、村委会或乡镇统一组织投保等多种形式相结合，本着“就近、就简、快捷”和“公开透明”等原则组织发动胶农的投保方式。

（3）创新性及引领性。

一是因地制宜，立足于海南本地产业资源。习近平总书记强调：“要立足当地资源，实现就地脱贫。”海南天然橡胶关乎数十万胶农和200多万产业人口的生计问题，是海南胶农最好的脱贫资源。橡胶价格（收入）保险政策正是立足和聚焦于充分挖掘和利用天然橡胶这一具有海南特色的自然禀赋资源，帮助贫困胶农通过积极割胶取得经济收入，不用外出打工也能实现脱贫。

二是借助市场解决市场价格风险，实现了政府资源和市场资源的有机结合。天然橡胶价格（收入）保险政策由保险机构通过其遍布全省的机构网络和服务资源，直接向农户提供保险产品，并按照承保数量，将一定比例的保费在期货市场上购买场外看跌期权，锁定价格风险。农户只需缴纳较少部分的保险费（其余由政府补贴），便可获得较高程度的保险保障。无论市场价格多低，胶农的整体割胶收入（售胶收入+保险赔款）都能达到12元/公斤以上的水平。在这个扶贫制度设计中，政府的主要任务是安排拨付保险费补贴资金、定期监测发布收购价格信息等，不需要直接同众多的农户打交道，也不承担过多的事务性工作，节省了行政开支成本，也有效防范了廉政风险。

三是奖勤不赏懒，激发了胶农勤劳脱贫致富的内生动力。天然橡胶价格（收入）保险最大的特点就是将保险赔付与实际产量挂钩，鼓励胶农依靠自己的双手勤劳致富，多劳多得、少劳少得、不劳不得。只有积极割胶出售，真实登记自己的实际产量，才能在收购均价低于保险目标价格的情况下得到保险赔付。无论市场价格如何波动，收入都无忧。割胶越多，整体收入就越多，从而有效调动了胶农的割胶积极性，体现了扶贫工作奖勤不赏懒的正确导向。

四是探索出了一条多方共赢、多方受益的产业扶贫新路。天然橡胶价格（收入）保险政策使各级政府得以通过提供一定比例的财政保费补贴，引导和带动胶农购买价格（收入）保险产品，撬动金融资源，为广大胶农抵御市场价格低迷或下行风险提供兜底保障，帮助胶农特别是贫困胶农通过就地生产劳动脱贫致富。保险机构通过再保险或期货市场对冲，将风险进一步分散和转移，合理地控制自身风险，从而达到了“胶农得实惠、保险得发展、政府得民心”的多方共赢效果，走出了一条政府、胶农、市场、金融机构等多方受益的产业扶贫之路。

3. 实践效果

2018—2020 年，已实现农垦国有橡胶约 88. 8 万亩和 10. 6 万农户（其中贫困户胶农 4. 67 万户）约 173 万亩民营橡胶参保，三年累计总保费 11. 8 亿元，提供风险保障 77. 27 亿元，财政补贴 8. 03 亿元，财政资金效益放大 9. 62 倍，已决保险赔付 12. 7 亿元，有力地促进了广大胶农割胶积极性的提高。

天然橡胶（价格）收入保险，使天然橡胶这一海南特色热带农产品的收入预期稳定，对于推进海南农业供给侧结构性改革、引领农业适度规模经营发展、带动农民就业增收、增强农业农村发展新动能具有十分重要的意义。在保证天然橡胶产业持续、健康发展，提高胶农胶企抵御市场风险能力，促进胶农特别是贫困胶农增收，化解天然橡胶生产保护工作困境等方面取得了实实在在的成效，被评为海南自由贸易试验区制度创新案例（第一批），并获得第一届“海南省改革和制度创新奖”三等奖。

（四）广西：利用国外贷款 支持脱贫攻坚

1. 宗旨契合，内外联动引资扶贫纾困

“十三五”期间，广西在争取国外贷款支持脱贫攻坚上进一步发力，共争取农业和扶贫开发领域贷款额高达 5.3 亿美元，占该阶段所有项目签约额（21.57 亿美元）的 24.57%，占比近四分之一。重点支持了基础设施建设、产业发展、农业农村、环境治理、教育卫生等多个社会民生领域，有效弥补了建设资金不足、技术装备落后和公共服务能力较弱的短板贷款。项目投入的国内资金和外贷资金 1:1 配比，形成内外资有机结合、相互联动和有益补充格局，既对标国际规范强化项目管理，也约束资金管理需符合国内外程序要求，保证专项资金使用安全规范，有力促进了全区脱贫攻坚和乡村振兴工作进程。

2. 精准施策，靶向贷款助力全面脱贫

广西积极加强项目统筹，充分利用不同类型的国外贷款项目精准支持最为匹配的扶贫领域，助力贫困地区交通道路建设、改善农村基础设施条件，促进农业增效、农民增收，加速广西全面脱贫。利用世行贷款 1 亿美元广西贫困片区农村扶贫试点示范项目，项目覆盖广西 10 个贫困县区，总人口 26.13 万，可带动 6.94 万贫困人口增收，截至 2019 年末项目累计使用世行资金 2136 万元，直接受益 31973 户农户，约 12.34 万人，其中贫困人口2.74万人；利用世行贷款4亿美元广西扶贫示范项目，项目覆盖广西百色、河池、崇左等11个市、28个贫困县（市）和1791个贫困村，惠及贫困人口约120万。截至2020年6月末，项目累计使用世行贷款资金2.71亿元，项目28个县（市）约110家农业龙头企业参与项目建设，达到运行标准的扶贫农民专业合作社的164家，13350名农户在项目中获得新型职业农民培训，104545名已建档立卡的贫困农民新接入集中供水。

3. 创新思路，产业扶贫引领高质发展

广西充分发挥“输血式扶贫”和“造血式扶贫”有机结合的方式，通过使用国外贷款资金进一步加强产业扶贫、提高市场化水平等创造性实践，将市场经济意识、产业发展意识、市场运作方式引入了贫困地区，实现以国外贷款项目实施助推产业扶贫，产业扶贫激活就业扶贫、知识扶贫，形成三者相互促进的良性循环，为促进贫困地区经济持续高质发展奠定了基础。例如，世行贷款广西生态家园富民工程项目，通过促进种养结构调整、培育发展特色种养产业，推动发展了有机茶、珍珠李、猕猴桃、灵芝、水稻、山葡萄等十个特色种养品种，打造了多个项目区“一村一品”甚至“多村一品”的特色产业格局，有效推动了农业一二三产业融合。国际农业发展基金广西农业综合开发与利用项目贷款金额为4700万美元，项目覆盖龙州县、乐业县、都安县、岑溪市、藤县、永福县、平乐县、北流市共8个县（市）44个乡镇623个村，贷款项目立足于当地优势农业产业，重点为从生产到销售的薄弱环节提供资金支持，如平乐县为时令水果沃柑提供冷库项目支持延长农产品的储存期，使农民在销售环节有能力利用市场周期，延迟3个月上市，同样数量的产品多获得100万元；永福县利用农业特优区的政策，将罗汉果分级并设定保护价，提升了农产品的价值。

4. 科学管理，贷款使用确保合理有效

广西财政、发改等相关部门紧密配合，对国外贷款支持的扶贫项目从申报、实施，到绩效评价实行精准化管理，形成贯穿项目始终的管理链条，确保国外贷款支持扶贫的资金使用合理有效，真正惠及项目地扶贫和乡村振兴工作。特别是基于广西脱贫攻坚实际情况，借鉴和引进国外先进管理工具和理念，积极探索新的贷款管理方式。例如，世行贷款 4 亿美元广西扶贫示范项目，创新采用结果导向型贷款工具，支付方式有别于传统贷款工具，不使用报账制支付，而是依据事先双方商定的项目成果，基于贷款支付指标的实现情况按比例支付，进一步缩短报账支付，提高贷款资金使用和管理效率，项目的设计得到了世行的高度认可。项目自 2018 年启动实施以来，8 个贷款结果支付关联指标取得了良好进展，2019 年度通过 4 项支付指标的任务完成向世行提款 0. 79 亿美元，2020 年度预计可实现提款 1. 50 亿美元，累计可实现提款 3. 29 亿美元，占贷款总额的 82. 25%。

5. 提升能力，知识合作增进国际交流

广西采用科学的管理方法和手段，将扶贫项目的知识和活动过程的信息经过加工处理，将有用的、能够产生影响的数据、文字、图片、影像、标记等资源进行有效存储、维护、分享、应用和创新，探索了本土化扶贫的新方式，形成了包括成片开发综合治理设计思想、参与式村级规划、多部门综合扶贫模式、贫困统计监测等创新理念在内的一整套扶贫开发模式，达到持续提高项目管理水平并将项目的成果、经验和影响进行传播的目的。上述经验做法在全国性扶贫战略、政策和管理规划中被广泛地借鉴和应用，并被列为上海“全球扶贫大会”全球 70 个成功项目案例之一；国际农发基金贷款广西农业综合开发与利用项目获国际农发基金和财政部共同颁发的“优秀项目竣工奖”和“最佳知识管理奖”；世行贷款广西扶贫示范项目获得世行东亚和太平洋地区 2019 财年副行长团队奖。广西作为我国面向东盟的开放门户，在利用国外贷款支持脱贫攻坚、创新本土化扶贫新方式和开展扶贫交流方面勇于担当、贡献力量，也向国内国际社会展示和传递了广西的扶贫理念和经验，为世界减贫事业和共建美好世界家园贡献中国智慧和中国方案。

五、东西扶贫协作

（一）东西部扶贫协作资金规范管理综述

东西部扶贫协作始于 1996 年，由北京、天津、辽宁、上海、江苏、浙江、福建、山东、广东等 9 个东部省市和 5 个计划单列市与西部 10 个省市区开展扶贫协作，主要从组织领导、产业合作、劳务协作、人才交流、资金支持、携手奔小康等方面开展扶贫协作。东西部扶贫协作是打赢脱贫攻坚战，实现先富帮后富，逐步实现共同富裕目标的大举措。为提高帮扶协作实效，2016 年中共中央办公厅、国务院办公厅下发《关于进一步加强东西部扶贫协作工作的指导意见》，根据原有帮扶双方的实际情况，对省际结对关系进行完善，对原有结对关系调整为东部 9 省帮扶西部 11 省及 10 个民族自治州，实现对民族自治州和西部贫困程度深的市州对口帮扶全覆盖。20 年来，东部有关省市开展了多层次、多形式、宽领域、全方位的扶贫协作。逐步形成了以政府援助、企业合作、社会帮扶、人才支持为主要内容的工作体系，取得了显著成效。

财政部坚决贯彻落实党中央、国务院打赢脱贫攻坚战的决策部署，不断提高政治站位，为落实好《中共中央　国务院关于打赢脱贫攻坚战的决定》《关于进一步加强东西部扶贫协作工作的指导意见》和中央东西部扶贫协作座谈会精神，推进东西部扶贫协作财政资金投入和管理使用的规范管理。2016 年，研究出台了《关于继续做好东西部扶贫协作工作的通知》（财预〔2016〕109 号），要求东部地区建立稳定的资金投入和增长机制，根据财力增长情况，逐步增加对口支援财政投入，并列入年度预算。2019 年，为进一步做好对东西扶贫协作帮扶资金的监管工作，研究出台了《关于进一步加强东西部扶贫协作资金管理的通知》（财办预〔2019〕234 号），就进一步强化东西部扶贫协作双方在帮扶资金投入和使用的主体责任，提高地方思想站位，深化帮扶工作，不断完善帮扶资金管理，提高使用成效等方面提出了要求，督促东西部扶贫协作帮扶资金合理分配，使帮扶资金使用效益稳步提高。

（二）福建：沿着习近平总书记指明的方向不断提升闽宁对口扶贫协作水平

1996 年 5 月，根据“两个大局”战略构想和中央决策部署，福建、宁夏建立了对口扶贫协作关系。时任福建省委副书记习近平同志担任对口帮扶宁夏领导小组组长，直接组织实施闽宁对口扶贫协作。习近平同志在福建省工作期间先后 5 次出席闽宁对口扶贫协作联席会议，3 次发表重要讲话，2 次到宁夏实地考察指导，2016 年，习近平总书记在东西部扶贫协作座谈会上指出，“闽宁协作是东西部扶贫协作和对口支援的一个生动例子”。推动建立了“联席推进，结对帮扶，产业带动，互学互助，社会参与”的扶贫协作机制，为闽宁对口扶贫协作指明了方向。24 年来，闽宁两省区党委、政府一届接着一届抓、一任接着一任干，始终把对口扶贫协作作为一项重大的政治任务，创新思路，务实协作，真情帮扶，有力地促进了宁夏特别是西海固地区的经济发展、社会进步和民族团结。闽宁协作是习近平总书记关于扶贫工作重要论述的实践结晶，是最具中国特色的“扶贫故事”，也是世界减贫史上最耀眼、最瞩目的中国篇章。

1. 创新做法与成效

（1）坚持联席推进，加强顶层设计高位推动。闽宁两省区党委政府始终把习近平总书记提出的“优势互补、互惠互利、长期协作、共同发展”作为指导原则，发挥党政主导的政治优势，始终把联席推进作为闽宁对口扶贫协作的有力抓手，紧紧围绕脱贫攻坚这条主线，每年召开一次由两省区党政主要领导参加的联席会议，及时总结交流帮扶经验，研究解决帮扶重大问题，协商制定帮扶举措，督促协商成果落地见效。24 年来，联席会议在宁夏、福建两省区轮替召开，从未间断。联席会议制度的建立和长期坚持，使闽宁对口扶贫协作的路子越走越宽，帮扶的效果越来越好，群众得到的实惠越来越多。9 月 1 日至 4 日，闽宁对口扶贫协作第 24 次联席会议在银川召开，研究部署 2020 年闽宁对口扶贫协作工作，签订了会议纪要和 11 个部门协议，确定经贸合作项目 35 个。宁夏回族自治区党政代表团赴福建考察，召开闽宁对口扶贫协作座谈会，研究明确了“十四五”深化闽宁协作的基本原则和重点任务。两省区把持续推进闽宁对口扶贫协作作为共同政治责任，从践行“两个维护”的政治调度，强化顶层设计，坚持高位推动，不断完善闽宁协作长效机制。

（2）坚持结对帮扶，不断拓展帮扶协作领域。闽宁两省区始终坚持把促进脱贫攻坚，实现共同富裕作为对口扶贫协作的落脚点，在省区结对帮扶基础上，积极推进市县结对帮扶，充分发挥党委政府牵头和导向作用，落实扶贫协作责任，做到精准帮扶，促进精准脱贫，努力做到不让一个贫困县、一个贫困群众在实现全面小康的路上掉队。近年来，两省区创新开展县与县结对帮扶“携手奔小康”，加强县级及乡、村结对帮扶力度，充分发挥县、乡、村积极性、创造性，有力促进了脱贫攻坚。24 年来，福建省沿海 5 个市所辖的 30 多个县（市、区）先后与宁夏 9 个贫困县（区）结对帮扶，两省区 20 多个省直部门、80 多个县直部门建立了结对帮扶关系，福建省 85 个乡镇和 134 个行政村分别结对帮扶自治区 105 个乡镇和 129 个行政村。24 年来，闽宁协作的主体从省、自治区延伸到市、县、乡、村和各行业部门、院校，协作的领域不断向资金、人才、市场、教育、医疗、卫生等全方位拓展，协作的成果从互帮互助走向互惠互利、相融共赢。

（3）坚持产业带动，着眼增收提高发展能力。在闽宁对口扶贫协作中，两省区始终把发展特色产业作为提高自我发展能力的根本举措，坚持以市场为导向，以产业协作为基础，通过共建扶贫产业园、搭建合作交流平台、组织规模劳务输出等方式，促进贫困地区优势资源开发，带动贫困人口长期稳定脱贫，走出了一条企业合作、产业扶贫、项目带动的“造血”式扶贫路子。坚持以福建之长补宁夏之短，以福建先发优势带动宁夏后发效应，激活贫困地区发展的内生动力，实现双方的共建共享发展。目前，在宁企业（商户）达 5700 多户，8 万多闽籍人员在宁从业。宁夏企业也迈出了“走出去”的步伐，宁夏青龙管业等企业落户福建，宁夏哈纳斯集团在福建莆田投资 110 亿元建设的 LNG 接收站项目正在按计划推进，我区长期在福建省稳定就业人员达 5 万人。

（4）坚持互学互助，以人才协作促创新发展。24 年来，两省区立足省情、区情，把互派干部挂职作为互学互助的主要途径。福建先后选派 11 批 184 名干部来宁挂职，支教教师和医疗技术人员等专业技术人员 3000 多人次来宁帮助工作。宁夏也先后选派20批344名干部到福建挂职。长期扶贫协作中，两省区各级干部相互学习、相互借鉴，形成了务实的工作作风和创新的脱贫攻坚思路。福建援宁干部不仅跟踪落实援宁扶贫项目，而且深入实际寻求精准脱贫接入点，主动联系动员福建社会力量参与脱贫攻坚等方面发挥了主体作用。宁夏挂职干部则开拓了眼界、转变了观念、增长了才干，带来了福建发展经济的先进理念，同时赴闽学习挂职的教育、卫生、科技等方面人才也带来了先进的经验和技术，为宁夏经济社会各项事业发展注入了源头活水，有效激发了干部群众改变家乡贫困面貌和创新实干的巨大热情。

（5）坚持社会参与，凝聚脱贫攻坚强大合力。广泛调动社会力量参与脱贫攻坚，是闽宁协作的重要基础，是形成政府、市场、社会互为支撑，专项扶贫、行业扶贫、社会扶贫“三位一体”大扶贫格局的有效途径。24年来，闽宁两省区充分调动各方面积极性，不断拓展对口扶贫协作空间和领域，实现省、市、县、乡、村五级联动。福建省还积极动员教育、医疗、卫生、妇联、共青团、企业商会等几十个部门和社会团体分别开展“百所学校一帮一”“医疗服务”等援宁扶贫公益活动参与宁夏脱贫攻坚。同时，两省区建立了社会帮扶激励机制，对用心用情用力开展帮扶的组织和个人进行表彰奖励，不断调动各方面参与社会扶贫的积极性。福建省累计投入援宁资金30多亿元，直接参加帮扶的各界人士超过10万人次。

2. 启示与经验

（1）把建立长效机制作为前提。24年来，闽宁两省区历届党委、政府，始终按照习近平同志当年确定的闽宁对口扶贫协作总方针，在实践扶贫协作五大机制中，围绕促进贫困地区经济发展，务实苦干，大胆创新，实现了闽宁对口扶贫协作向宽领域、多层次、全方位发展。闽宁两省区每年轮流召开一次党政主要领导参加的联席会议，签订《会议纪要》和各类合作协议，协作（合作）内容均能得到不折不扣的落实。经济、科技、教育、文化、卫生、干部培养等扶贫协作内容越来越丰富，层次越来越高。做到了年年都有新举措，年年都有新成果，24 年持续不间断，有力推动了宁夏脱贫攻坚的进程。

（2）把解决贫困问题作为核心。24 年来，遵循习近平同志当年提出来的“以促进贫困地区经济发展为中心，以解决贫困地区群众温饱问题为重要任务”的对口扶贫协作要求，始终坚持以解决贫困问题为核心，将扶贫重心由“物”转变为“人”，围绕“人”的发展配置资源和项目；以科教扶贫为重点，着眼于提高人的素质；以医疗卫生帮扶为重点，致力于改变因病致贫、因病返贫；以技能培训和劳务输出为重点，培植和发展扶贫造血功能；以生态环境建设为重点，改变贫困人口生存条件和生产生活方式；以发展特色产业为重点，因人因地精准施策拔穷根。不仅改变了一代人的命运，而且推动了贫困地区整体社会进程。

（3）把产业带动扶贫作为关键。闽宁两省区成功实现了援助式扶贫向开发式扶贫转变。把福建的人才、资金、技术、经验、市场等要素与宁夏贫困地区的土地、特色农产品和劳动力资源有机结合，培育和发展了西吉、隆德、盐池、红寺堡和永宁闽宁产业园（城），引入了以华林公司、国圣公司、皇达科技、人造花工艺等企业，带动了当地现代农业和特色优势产业的发展，走出了一条市场导向、产业带动，扩就业、促增收的脱贫路子。通过产业链的纵向和横向延伸，产业的触角逐渐渗透到乡（镇）村，与土地和劳动力要素相衔接。一个个特色优势产业集群正在改变着西海固落后的生产结构和传统的生活方式。

（4）把改造生态环境作为基础。贫困地区发展生产的最大制约因素是自然环境。由于历史、人口、观念等多种因素使人和环境陷入发展与破坏的矛盾之中。西海固千百年制约人类生存与发展的生态环境，目前已经彻底扭转，昔日的黄土高坡已蝶变为今日的绿水青山。天上的水，地表水、地下水已经被充分合理利用，这一片生存之地被有效治理，土地和人的关系也被彻底重建。

（5）把激发内生动力作为根本。如何将输血式扶贫转变为造血式扶贫，是扶贫开发最重要的课题。闽宁两地的扶贫干部创造性地发挥政策的优势，利用资本之手和市场规律，激励和鞭策贫困群众发展产业，主动参与到产业链的生产与分配；鼓励返乡农民工创业，带动千家万户参与发展特色产业，激发出蕴藏在当地群众之中的内生动力，把贫困地区群众引上了靠自己双手勤劳致富的道路。

第二篇　“三保障”和饮水安全

一、义务教育有保障

教育是阻断贫困代际传递的治本之策。义务教育有保障是实现“两不愁三保障”脱贫目标的重要评判标准之一。为深入贯彻落实习近平总书记关于扶贫工作的重要指示精神，按照党中央、国务院决策部署，近年来，财政部紧紧围绕做好义务教育有保障工作，切实履行财政职责，除在安排均衡性转移支付、县级基本财力保障时将义务教育作为重要因素予以考虑外，坚持保基本、补短板、提质量，精准聚焦、精准发力，出台了一系列政策措施，不断加大投入力度，优化支出结构，加大对中西部地区、边疆地区、革命老区、民族地区、贫困地区义务教育倾斜力度，有力地保障了教育脱贫攻坚工作有序推进。

（一）保基本

从2016年春季学期起，建立健全城乡统一、重在农村的义务教育经费保障机制，实现“两免一补”和生均公用经费基准定额资金随学生流动可携带。2019年，进一步调整完善相关政策，相应增加中央财政支出责任，将建档立卡等家庭经济困难非寄宿生纳入生活补助范围，提高中西部地区农村学校校舍安全保障长效机制资金中央财政分担比例。2020年，统一全国城乡义务教育学校生均公用经费基准定额，中西部地区由年生均小学600元、初中 800 元提高到小学 650 元、初中 850 元，与东部地区一致。

（二）补短板

2014—2018 年，实施全面改善贫困地区义务教育薄弱学校基本办学条件工作。为巩固前期工作成果，2019 年启动实施义务教育薄弱环节改善与能力提升工作，支持地方加快消除城镇“大班额”，基本补齐乡镇寄宿制学校和乡村小规模学校短板等。中央财政重点支持“三区三州”等深度贫困地区，并明确要求地方统筹做好扶贫移民搬迁学校规划建设工作。支持地方深入实施农村义务教育学生营养改善计划，从 2019 年起将学生营养膳食补助标准由中央与地方分别制定，调整为统一制定国家基础标准（每生每天 4 元），同时加大对地方试点地区奖补力度。

（三）提质量

深入实施“特岗计划”，从 2017 年起连续四年扩大招聘规模，2020 年达到 10.5 万人，并适时提高了特岗教师工资性补助标准。继续实施“国培计划”、“三区”人才计划、教师专项计划，推动地方落实乡村教师生活补助政策，提升贫困地区乡村教师队伍素质。

在加大投入力度的同时，财政部会同有关部门不断加强工作指导力度。2018—2020 年，先后印发《财政部　教育部关于进一步加强财政投入管理　深入推进“三区三州”教育脱贫攻坚的指导意见》《教育部办公厅　财政部办公厅　国务院扶贫办综合司关于进一步加大深度贫困地区支持力度切实做好义务教育有保障工作的通知》《财政部办公厅　教育部办公厅关于进一步加大支持力度持续做好义务教育有保障工作的通知》，指导地方聚焦突出问题和重点任务，坚持现行脱贫攻坚目标标准，加大义务教育投入保障力度，提高教育扶贫资金使用绩效。

据统计，2016—2020 年，中央财政累计安排义务教育相关转移支付资金 9251 亿元。在分配相关资金时，进一步完善优化分配方法，除继续考虑“贫困人口数”“贫困发生率”等因素外，通过新增“深度贫困县数”等因素，体现向“三区三州”等深度贫困地区倾斜，并督促指导地方聚焦深度贫困地区和建档立卡等贫困学生，严禁搞平均主义。财政投入的持续增加，为义务教育控辍保学工作提供了有力支撑。据教育部统计，截至 2020 年 9 月，全国义务教育阶段建档立卡家庭辍学学生基本实现了“应返尽返”。

二、基本医疗有保障

“基本医疗有保障”是指贫困人口全部纳入基本医疗保险、大病保险和医疗救助等制度保障范围，常见病、慢性病能够在县乡村三级医疗机构获得及时诊治，得了大病、重病，基本生活有保障。脱贫攻坚期内，中央财政持续加大投入力度，一方面，支持卫生健康部门加强基层医疗卫生机构能力建设，提升贫困人口和贫困地区的医疗服务水平；另一方面，支持医疗保障部门推动实现贫困人口应保尽保，提高贫困人口基本医疗保障水平。对应上述两个方面的工作内容，中央财政对健康扶贫工作的支持主要包括以下三方面：

（一）支持开展公共卫生服务

2016—2020 年，中央财政共下达公共卫生服务补助资金 3277 亿元，支持开展健康教育、健康管理、医养结合、卫生应急、孕前检查等基本公共卫生服务，并支持开展艾滋病、结核病等重大传染病防控工作，在分配资金时对中西部地区和贫困地区给予了倾斜。基本公共卫生服务人均财政补助标准由 2016 年的 45 元提高到 2020 年的 74 元。

（二）支持提升医疗服务能力

2016—2020 年，中央财政共下达医疗服务与保障能力提升补助资金 1089 亿元，支持公立医院综合改革、卫生健康人才培养、医疗卫生机构能力建设、中医药事业传承与发展及医疗保障服务能力提升，其中，2018 年安排 23.28 亿元，专项支持 832 个国家级贫困县县级公立医院临床服务能力建设和基层医疗卫生机构临床诊疗能力提升；2019 年安排 25.76 亿元，专项支持 368 个深度贫困县县医院专科建设、乡镇卫生院和村卫生室医疗服务能力提升；2019 年安排 1.99 亿元，专项支持“三区三州”199 个贫困县建立远程继续医学教育中心，提升“三区三州”地区基层医疗服务水平。2020 年安排 19.89 亿元，支持 832 个贫困县县乡医疗卫生机构能力建设，并向“三区三州”贫困县和脱贫攻坚挂牌督战县倾斜。

（三）支持提高医疗保障水平

加强基本医保、大病保险、医疗救助三重制度保障，综合施策，通过提高城乡居民基本医疗保险（以下简称“城乡居民医保”）和大病保险补助标准、增加城乡医疗救助补助资金等，支持贫困人口参保，提高医疗保障水平。

1. 持续提高城乡居民医保财政补助标准，支持提升参保居民基本医疗保障水平。城乡居民按规定缴费参保，享受基本医疗保险待遇，各级财政给予一定补助。中央财政安排城乡居民医保补助资金用于对各地参保城乡居民予以补助。2016—2020 年，各级财政对城乡居民医保的人均补助标准由每人每年 420 元提高到 550 元，中央财政共下达城乡居民医保补助资金 14435.5 亿元。

2. 加大对城乡居民大病保险的投入，支持提升大病保障水平。2018 年、2019 年，将城乡居民医保每年人均新增财政补助中的一半（分别为 20 元、15 元）用于大病保险，大病保险政策范围内报销比例由 50% 提高到 60%。加大大病保险对贫困人口的支付倾斜力度，贫困人口起付线降低 50%，支付比例提高 5 个百分点，全面取消贫困人口大病保险封顶线，进一步减轻其医疗费用负担。

3. 加大对城乡医疗救助的投入，增强医疗救助托底保障功能。2016—2020 年，中央财政共下达医疗救助补助资金 1210.06 亿元，支持各地切实做好城乡医疗救助工作，资助符合条件的困难群众参加基本医疗保险，对其难以负担的基本医疗自付费用给予补助，开展疾病应急救助，支持深度贫困地区提高农村贫困人口医疗保障水平。其中，2018—2020 年，中央财政每年均通过医疗救助渠道安排补助资金 40 亿元，专门用于支持深度贫困地区提高农村贫困人口医疗保障水平。

中央财政的投入政策为打赢脱贫攻坚战提供了有力的“弹药”支持，推动了贫困人口“基本医疗有保障”的目标实现。据医保局统计，截至 2020 年，基本医保参保率已稳定在 95% 以上，全国建档立卡贫困人口基本医保参保率达到 99.9% 以上。2018 年以来，医保扶贫政策累计资助贫困人口参保 2.3 亿人次，惠及贫困人口就医 5.3 亿人次，助力近 1000 万户因病致贫群众精准脱贫，初步实现“基本医疗有保障”。

三、住房安全有保障

（一）中央财政支持农村危房改造情况综述

“安得广厦千万间，大庇天下寒士俱欢颜”，是萦绕中国人心中的千年之问。农村困难群众的住房安全，也始终是党中央、国务院领导同志关注的大事。自 2008 年起，国家支持开展农村危房改造试点，之后逐步扩大范围，2012 年扩大到全国农村地区。党中央、国务院部署打赢脱贫攻坚战以来，财政部进一步加大投入力度，支持加快推进农村危房改造。2013—2020 年，中央财政累计下达农村危房改造补助资金 2110.8 亿元，支持实施危房改造 1800 多万户。其中，仅“十三五”期间，就支持完成建档立卡贫困户危房改造 500 多万户，并同步实施其他重点对象危房改造。数年间，农村地区的住房状况有了根本改观，建档立卡贫困户等重点对象的住房安全问题得到历史性解决。

1. 精准投入，确保打赢脱贫攻坚战

习近平总书记强调，扶贫开发贵在精准，重在精准，成败之举在于精准。财政部在会同住房城乡建设部支持推进农村危房改造的过程中，始终坚持优先帮助住房最危险、经济最困难的农户解决最基本安全住房的原则，注重“扶真贫”，不断提高补助对象认定的精准度。在规定支持实施改造的房屋应为 D 级（整栋危

房）或C级（局部危险）危房的基础上，进一步明确对象的经济状况和条件。从2017年起，将中央财政补助资金集中用于建档立卡贫困户、低保户、分散供养特困人员和贫困残疾人家庭等四类重点对象的危房改造，并大幅提高对其补助标准。同时，在分配补助资金时，通过增加安排补助任务、提高户均补助标准等措施，不断加大对“三区三州”等深度贫困地区的倾斜支持力度。中央财政对重点对象、重点地区的优先支持，正是落实习近平总书记“多做一些雪中送炭、急人之困的工作，少做些锦上添花、花上垒花的虚功”要求的具体举措，体现了公共财政资金“好钢用在刀刃上”的基本原则。

2. 因地制宜，确保危房改造见实效

考虑到我国幅员辽阔，各地的情况千差万别，农村危房改造工作注重因地制宜，不搞“一刀切”，充分给予地方具体实施的自主权。一是在资金筹集上，实行农民自筹为主、政府补助引导、银行信贷和社会捐助支持的多渠道资金投入机制，在发挥农户主体作用的同时，充分调动各方面资源共同予以支持。二是补助标准的制定上，要求各地根据对象的贫困程度、房屋危险程度和改造方式等，制定分类分级补助标准，重点向贫困程度深、自筹能力弱的农户倾斜。三是在实施方式上，以农户自建和分散分户改造为主，根据房屋状况和当地实际情况，合理选用拆除重建、修缮加固等多种方式帮助贫困农户实现基本住房安全。对于自筹资金和投工投料能力极弱的特殊贫困群体，还鼓励地方创新实施方式，通过统建农村集体公租房及幸福大院、修缮加固现有闲置公房、置换或长期租赁村内闲置农房等，兜底解决其住房安全问题。

3. 强化监管，确保资金效益再提高

在投入增加的情况下，资金使用效益就成为更需要关注的问题。一方面，大力强化资金监管，确保资金使用安全。财政部会同住房城乡建设部等部门不断修订完善资金管理办法，明确资金分配下达、使用管理、监督检查等方面的要求。同时，针对脱贫攻坚过程中农村危房改造资金使用管理面临的特殊问题，专门印发通知，指导地方切实落实资金保障责任，紧紧围绕住房安全有保障的目标，合理确定对象范围和建设标准，着力加大对深度贫困地区的倾斜支持等。另一方面，持续完善政策措施，提升资金使用效益。为加大贫困县在资金安排使用方面的自主权，中央财政农村危房改造补助资金纳入贫困县统筹整合使用财政涉农资金范围，由相关地方依据当地脱贫攻坚规划统筹安排，上级不再下达约束性任务，以切实发挥地方贴近基层、了解实际情况的优势。财政部还不断会同有关部门加强预算绩效管理，在分配资金时向成效明显的地方倾斜，引导各地努力加强规范管理，提升工作成效。

贫困户住房安全有保障，是党和国家对人民的庄严承诺。下一步，财政部将认真贯彻党中央、国务院决策部署，继续会同有关部门密切关注农村困难群众的住房状况，持续支持解决农村低收入群体住房安全问题。

（二）云南永胜：多措并举　高位推进　农村住房实现历史性突破

云南省永胜县紧紧围绕农户“两不愁　三保障”目标，多措并举，深入推进农村住房保障。2014 年以来，累计投入 7.56 亿元，通过实施农村危房改造工程、扶贫安居工程、茅草房改造工程，解决了 41505 户住房安全问题，占全县农村住房的 44.3%，实现全县农村住房条件的历史性改善；其中，投入农村危房改造补助资金4.96亿元，累计改造危房37355户。

永胜县在实施农村危房改造的过程中，始终立足“五个坚持”，强化“三个保障”，开展“一个行动”，明显提升了工作成效。2019年，永胜县被国务院办公厅确定为农村危房改造工作积极主动、成效明显的激励支持对象。

1. 立足“五个坚持”

一是坚持部门联动。为确保农村危房改造工作顺利推进，永胜县成立农村危房改造工作领导小组，实行县处级领导挂钩联系乡镇工作制度，各乡（镇）领导班子成员包村、干部和工作队员包户制度，形成“村村有人抓、户户有人管”的工作格局；组建专家组制定全县加固改造技术方案，拆除重建通用图集，认真研究解决农村危房改造中出现的技术难题；各乡（镇）和住建、扶贫、审计、财政、发改等部门适时召开调度会，掌握工作进度，解决工作推进过程中存在的问题；成立纪律作风督查组，下设1个重点抽查组和7个交叉检查组，采取定期与不定期、明察与暗访、实地与书面等督查检查形式，督查乡（镇）和部门工作纪律、办事效率、履行岗位职责等情况。

二是坚持精准认定。按照“全面筛查，归类识别，严格认定”的原则，制订农村住房认定工作实施方案，对辖区内24522户四类重点对象进行全覆盖摸底调查、认定和公示，及时将危房信息录入信息管理系统，形成农村住房保障“一户一策”实施方案。

三是坚持政策依据。在认真总结工作经验和存在问题的基础上，与昆明理工大学合作，选取木结构、砖土混合承重木屋盖结构房屋类型开展住房加固试点，先后制定出台了《永胜县农村危房改造和抗震安居工程修缮加固指导手册》《永胜县农村危房改造通用图》和《永胜县纯夯土墙加固改造方案》，指导乡镇完成加固改造“一户一方案”的编制。同时，在严格执行国家关于四类重点对象认定标准的基础上，永胜县结合本地实际，坚持以“农户自筹资金、自行改造为主，政府适当给予扶持”的原则，同步实施非四类重点对象危房改造，制定出台了《永胜县农村住房识别改造工作实施细则》《永胜县农村住房识别改造工作方案》《关于进一步明确永胜县农村住房识别改造工作相关要求的通知》等一系列指导性文件，明确非四类重点对象补助范围，区分山区乡（镇）和坝区乡（镇）制定补助标准。

四是坚持宣传引导。为扎实做好对象认定、危房改造等工作，永胜县县危改办印发了《云南省农村危房认定指南（试行）》《云南省脱贫攻坚四类重点对象农村危房改造口袋书》等手册，以村级动态管理工作队为单位认真组织学习，让每一位干部熟知基本安全住房的要求，牢固掌握建设期间的各项技术要求。同时，结合贫困对象动态管理党员评议、村民评议等工作的开展，认真宣传危房改造政策，确保农户明白知晓，将群众满意度作为工作重要目标。

五是坚持示范引领。坚持把示范点建设作为带动危房改造工作的重要抓手，打造具有示范带动作用的农村危房改造暨提升人居环境试点示范村（点），召开县级试点示范现场推进会，通过示范样板、现场观摩等方式，探索改造方法、算清改造成本、积累改造经验、培训民间工匠、推广改造技术，真正让干部群众知晓、参与、支持提升行动，形成比、学、赶、超的浓厚氛围。

2. 强化“三个保障”

一是强化资金保障。永胜县多方筹资，累计投入危房改造资金 4.96 亿元、扶贫安居工程建设资金 1.52 亿元、茅草房改造资金1.08亿元，有力推进了住房保障工作。

二是强化技术保障。永胜县邀请市、县住建局11名专家，面向职能部门和乡镇脱贫攻坚干部，扶贫驻村工作队第一书记，危改办、扶贫、民政等部门主要工作人员，村委会主任、土地规划专管员，民间工匠、县建筑企业技术人员等人员开展培训，解读农村危房改造政策，并具体讲授危房认定及加固技术细节，累计培训熟练技术工匠900名，并发放了工匠培训合格证，成立了由35名培训合格人员组成的认定专家库。

三是强化督导保障。抽调精干人员成立5个技术指导组，实行“分组、分片”责任包干，严格按照相关技术要求和规范，开展农村危房改造政策的宣传解释、建筑工匠的技术培训等工作；对各乡（镇）农村危房改造工程进行监管、提供技术服务指导；对改造户使用的材料、工程进度、质量要求等进行定期检查，把好工程施工技术关、质量关；督促各施工单位或施工队伍严格按照改造方案要求，按时、按质、按量完成危房改造各项工作任务，确保群众如期实现“安居梦”。

3. 开展“一个行动”

为进一步加快改善全县贫困家庭人居环境，提振贫困群众脱贫奔小康的精气神，永胜县结合危房改造工作，在全县农村家庭、特别是四类重点对象家庭开展以“入户道路清洁、庭院清洁、室内清洁、厨房清洁、厕所清洁、个人清洁”为主要内容的“六清洁”专项行动，解决农村贫困家庭环境“脏乱差”问题，提升全县农村贫困家庭人居环境。通过实施“六清洁”专项行动，涌现出了以东山乡牦牛坪村为典型的一批清洁、美丽的山区贫困村落，全县农村贫困家庭人居环境展“新颜”。

四、饮水安全有保障

（一）饮水安全有保障综述

农村饮水安全事关亿万农民福祉。党中央、国务院高度重视农村饮水安全工作，习近平总书记明确指示要统筹研究解决农村饮水安全问题。“十三五”以来，财政部会同有关部门认真贯彻落实党中央、国务院有关决策部署，加大农村饮水安全保障支持力度，把解决农村“苦咸水”问题作为摆脱绝对贫困的一个重要标志，让农民喝上“放心水”，农村饮水安全保障水平显著提升。

1. 主要做法和经验

（1）加大补助力度，充分发挥财政资金撬动作用。2019 年，财政部专门修订《水利发展资金管理办法》，首次将农村饮水工程维修养护纳入支持范围，并安排补助资金 14.5 亿元。2020 年，财政部积极调存量动增量，加大补助力度，安排补助资金 25.11 亿元，较 2019 年增长 73%。同时，为彻底解决“苦咸水”问题，财政部于 2020 年 5 月底通过综合财力补短板资金专项安排 16.06 亿元，资金直达到县，支持甘肃、宁夏 6 省区 104 个县实施“苦咸水”改水工作。中央财政加大补助力度，对地方资金和社会资本起到了较好的撬动作用。中央给一点，地方补一点，水费收一点，工程建管经费进一步落实。据初步统计，“十三五”

期间，各地整合各类资金约 2000 亿元用于农村饮水工程建设和维护，人均投资约 800 元。

（2）建章立制，强化管理，保障机制逐步完善。为强化农村饮水安全保障资金管理，切实提升保障水平，2019 年，财政部会同水利部联合印发《关于做好中央财政补助农村饮水工程维修养护经费安排使用的指导意见》，以规范中央资金使用管理，充分发挥资金使用绩效，确保政策落到实处；2020 年，财政部印发《关于定期报送脱贫攻坚补短板综合财力补助资金有关情况的通知》，其中对于“苦咸水”问题解决情况，明确了“双周报告制度”。同时，财政部会同水利部、国扶办专题部署，通过印发工作通知、半月调度、分片包干和专项督查等方式强力推进“苦咸水”改水工作，并及时报送了有关工作进展。

（3）政府引导，市场调节，市场机制初步形成。政府通过广泛宣传，引导农民逐步接受水的商品属性，树立“付费用水”“节约用水”的理念。据初步统计，除西藏以外，全国所有的县均已制定了水价相关政策，2020 年 12 月底已有超过 80% 的供水工程开始收缴水费。通过水价引导农民合理用水，收取水费弥补工程运行维护成本，吸引社会资本投入工程建设和管护的市场机制初步形成。

2. 主要工作成效

（1）贫困人口饮水安全问题全面解决。近年来，各地聚焦脱贫攻坚，通过统筹整合资金、分片包干联系等方式，加快推进贫困地区，特别是“三区三州”深度贫困地区的农村饮水安全保障工作。截至 2020 年 12 月底，全国建档立卡贫困人口饮水安全问题已全部解决。

（2）农村饮水安全保障水平显著提升。2020 年 12 月底，全国已建成农村饮水工程1064万处，服务9.2亿农村人口。其中，集中供水工程约68万处，服务农村人口约7.7亿人，占84%；分散供水工程约996万处，服务农村人口约1.5亿人，占16%。农村集中供水率由2004年的38%提高至88%，自来水普及率由2004年的36%提高至83%。截至2020年12月23日，已完成“苦咸水”改水工程745个，完工率达99.87%，已解决农村“苦咸水”人口119.56万人，将确保在2020年底前全面打赢农村“苦咸水”歼灭战。

（3）工程运行管理水平迈上新台阶。各地普遍强化了工程运行管理意识，以往“重建轻管”的现象有明显改观。政府、行业主管部门、供水单位三个不同主体的责任进一步得到落实。政府负责协调引导，行业主管部门制定标准规范和提供技术支撑，供水单位负责运行和维护，形成了“供水有标准、用水有规范、管水有制度”运行管理模式。

（二）陕西铜川：创新农村供水工程长效运行管护模式

陕西省铜川市地处陕北黄土高原向关中平原的过渡地带，市域内沟壑纵横，人均水资源占有量276立方米，约是全省人均水资源占有量的四分之一，全国人均水资源占有量的八分之一，远低于国际公认的人均500立方米水资源严重短缺界限。铜川市下辖宜君、印台、耀州3个国家级贫困县、王益区和新区1个经济技术开发区，共有21个乡镇、17个街道、73个社区、359个建制村，总人口80.37万人，其中农村人口44.87万人。近年来，铜川市围绕农村饮水安全脱贫攻坚和巩固提升的总体部署，建成了一批高质量农村供水工程，铜川市所有农村居民饮水状况均达到现行标准，农村自来水普及率提高到98.8%以上，为铜川市高质量整体脱贫夯实了基础。在提升供水硬件设施建设的同时，狠抓工程建后长效运行管护模式的创新工作，初步建立了“维修养护全覆盖、管护责任全落实”的农村供水长效工程运行管护“铜川模式”，为巩固农村饮水脱贫攻坚成果提供了坚实保障。

1. 高度重视，制度保障

铜川市政府成立了由主管领导为组长，分管副秘书长和水务局局长为副组长，市发改、水务、财政、卫健、扶贫等部门和区县政府主管领导为成员的农村饮水安全工作领导小组，各区县也成立了相应工作机构，落实了农村饮水安全管理“三个责任”和“三项制度”。2020 年市政府出台了《关于切实加强农村饮水工程运行管护的实施意见》，区县出台和补充完善了运行管理细则、村级管护员绩效考核、水费收缴和水价补贴等 4 个配套工作方案。

2. 足额预算，全面保障

为确保农村供水设施得到维养保障，铜川市积极争取中央、省级资金，落实市、县级资金。2015 年起铜川市建立了覆盖全市所有农村供水工程的村级水质安全监督员制度，印发了《关于健全农村供水工程维修养护机制的实施意见》，市、县财政各给予每人每月 215 元补助。2015 年至 2019 年，铜川市连年落实农村供水工程维修养护和水质安全监督员补助预算资金，有效保障了供水设施的正常维修养护。2019 年 10 月，铜川市政府专题会议研究决定平均按照每个行政村每年 5 万元的标准，足额落实专项管护资金（市、县各承担 50%），进一步加大了农村供水工程维修养护资金保障力度。目前，铜川市所有农村人口中，市、县两级固定预算财政投入农村供水工程保障资金年均每人达 57 元。

3. 专业运维，全面覆盖

铜川市耀州区和印台区先后成立了农村供水维修养护专业机构，建立了维修养护物资储备库，初步构建了“一图式”信息化智能管理系统，分别将涉及全区60%、64%人口的跨村区域集中供水工程交由区级维养机构直管，同时通过直管乡镇供水站和辐射带动周边农村的方式扩大供水服务范围，实现了专业化团队维修养护的全覆盖。维养机构通过热线电话、微信工作群、陕西城乡供水公众号等形式，第一时间受理维修信息，接到任务指令后维修人员1—2小时之内到达任务现场，一般性问题限期24小时完成维修服务，超过24小时及时启动应急送水措施。

4. 分类指导，保障管理

对铜川市所有工程按规模并兼顾地理位置条件进行划分，在管理模式和运维方式上不搞“一刀切”，实行分类管理，实现工程管护全覆盖：一是将跨镇（街道）及联村规模较大的供水工程按照“中心＋供水站”的管理模式，纳入专业维修养护中心直接管理；二是将规模较小的单村工程按照“区县（中心）＋村组”的管理模式落实管护人员，建立“村组推荐、乡镇聘用、区县考核”机制，由区县或维养中心负责对管水员进行考核、培训和监管，把日常工作开展情况与工作绩效挂钩，统一落实工作报酬；三是以实现“稳定水源”为主线，将城中村和城市周边村的工程，以城市供水企业为依托落实管护人员，实现“城乡供水一体化”管理。

5. 政府兜底，合理定价

铜川地形复杂、落差大，全市以城市供水为水源，通过管网延伸或依托厂矿企业供水的村组，以及其他个别高扬程小泵站工程，单方水价 5 元以上的工程涉及 26 处、供水人口 3.24 万人（有的个别单方水价甚至更高），“高水价”成了群众吃水的难题。为确保群众喝得上“放心水”“平价水”，铜川市政府明确规定农村供水不得超过城市居民第一级基本生活水价，超出部分由政府进行补贴。高水价问题突出的印台区、王益区针对高水价区域，出台《农村饮用水价格补贴管理办法》，充分落实各项水费优惠政策，强化水费收缴相关政策的宣传引导，建立了定额内基本水价最高限价政策，对人均日用水量 40 升以内（每人每年 14.6 立方米）高于基本水价 4 元/吨的部分，由财政兜底足额补齐，大幅提高了群众的获得感和幸福感。

（三）重庆梁平：共建共管共享保障小型集中供水工程长效运营

梁平区位于重庆市东北部，面积 1892 平方公里，辖 33 个镇街，总人口 93 万。区内地势高于四周，为邻县溪河发源地，过本区境客水量极少，人均水资源量仅为全国平均水平的 52%。近年来，重庆市梁平区认真贯彻落实习近平总书记“西南地区重点解决储水供水和水质达标问题”的重要指示要求，遵照“水利工程补短板，水利行业强监管”总基调，以小型集中供水工程为攻坚方向，注重建设管理两手抓，充分发挥群众参与作用，形成了共建共管共享的长效机制，确保重庆市梁平区 106 座小型集中供水工程可持续运行，农村居民喝上“安全水”“放心水”“平价水”，获得感、安全感、幸福感不断增强。

1. 坚持共建，完善硬件设施

建立“两项”民主参与机制，引导群众共商共建供水工程。

一是民主决策机制。实行“先建机制，后建工程”原则及“一事一议”工作机制，工程建设前，由受益村组召集村民召开“一事一议”会议，梁平区水利局、当地乡镇政府进行宣传引导，将“工程建不建、水费收不收、建后怎么管”等问题交由村民集体讨论决策，形成一致意见后再开工建设。二是民主监督机制。邀请群众代表参与全过程监督工程建设质量和工程进度，确保村民决议落实落地。近年来，在群众的监督下新建和改造了一大批小而全、小而精、小而美的标准化水厂，顺利推进实施饮用水水源地规范化、水源地涵养生态修复、水源地连通等水源工程建设。

2. 突出共管，促进良性运行

建立“四项”民主管护机制，促进工程良性运行。一是责任落实机制。落实梁平区乡镇政府（街道办事处）对小型集中供水工程的监督管理主体责任，负责供用水秩序的监督、协调和管理工作；落实梁平区水利局行业监管责任，建立帮扶工作机制，负责业务培训和技术指导；落实村组（用水者协会）运行管理直接责任，推行“合约化”管理模式和“一事一议”方式，保障群众的知情权、决策权、管理权和监督权。二是水源管护机制。以产权为基础建立水源地运行管护责任机制，小一型水源水库水利局派专人管理，小二型水源水库当地乡镇政府（街道办事处）或村组安排专人管理，山坪塘等水源地由当地村组安排专人管理。三是水质保障机制。建立荣禹公司义务检测、村镇供水站抽检、水质监测站巡检、卫生部门监督抽检的“四级”水质检测机制，并设公示牌将水质监测结果张榜公示，主动接受群众监督，让群众喝上“安全水”。四是民主管理机制。工程运行前，由村组（用水者协会）召集用水户召开“一事一议”会议，讨论决定运行管理重要事项，确定供水价格、管理人员、工资待遇及制水供水、安装维修、财务收支等管理制度。

3. 注重共享，保障安全饮水

建立“四项”长效保障机制，让群众共享建设成果，喝上“明白水”“放心水”“方便水”“平价水”。一是民主定价机制，保障群众喝上“明白水”。小型集中供水由村组（用水者协会）通过“一事一议”协商定价，61 座供水工程实行单一制水价，45 座实行“基本水价 + 计量水价”两部制水价，目前水价每吨 1—5 元，水价对全体村民公开。二是财务监督机制，保障群众喝上“放心水”。建立财务收支管理台账，定期公开收支情况，水厂财务接受村务监督委员会及群众的查询与监督，实现水费收支监督全覆盖，做到群众明白缴费。三是拓宽交费方式，保障群众喝上“方便水”。针对村民居住分散特点，采取“两收三缴”（水厂定点收，供水人员入户收；用水户现金缴费、微信缴费、网银缴费）等多种收费方式方便群众缴费。目前，水费收缴率达 98%。四是财政补助机制，保障群众喝上“平价水”。2019 年以来，中央下达水利发展资金 395 万元，重庆市本级下达水利发展资金 169 万元，专项用于农村饮水工程维修养护，梁平区财政每年预算安排专项补助资金 300 万元，给予每座小型水厂 1 万—3 万元精准补贴，极大缓解了管护经费不足的情况。同时，通过全面落实优惠电价、税费减免政策和公益性岗位管水等措施，降低工程运行成本，减小维修养护费用村民分摊压力。以乡镇（街道）为单元，探索政府购买服务，推进维修养护专业化、社会化，保障工程良性运行。

第三篇　其他行业扶贫

一、产业扶贫

（一）产业扶贫综述

产业扶贫是脱贫攻坚"五个一批"的重要内容，也是稳定脱贫的重要途径。按照习近平总书记关于"产业扶贫是最直接、最有效的办法，是增强贫困地区造血功能、帮助群众就地就业的长远之计"的重要指示精神，脱贫攻坚期间，财政部把产业扶贫作为工作重点，多渠道筹集资金，全力支持扶贫产业发展。

1. 中央财政专项扶贫资金优先支持产业发展

财政专项扶贫资金作为扶贫投入的主渠道，主要用于培育和壮大贫困地区特色产业、改善小型公益性生产生活设施条件、增强贫困人口自我发展能力和抵御风险能力等方面。2016—2020 年中央财政专项扶贫资金 5304.75 亿元中，用于支持产业扶贫的规模约 2591.26 亿元，占投入总数的 48.85%。

2. 支持贫困县统筹整合涉农资金用于产业扶贫

2016—2020 年，全国 832 个贫困县统筹整合使用的各级财政涉农资金中，用于产业扶贫的资金占比由 2016 年的 30.84% 提高到 2020 年的 48.77%。整合用于产业扶贫的资金占地在 2020 年首次超过用于农村基础设施的占地（46.29%），有力推动了贫困地区产业发展。

3. 加大农业生产发展等产业扶持资金投入

财政部通过农业生产发展资金等支持贫困地区发展绿色高效特色种养业、培育壮大新型经营主体、推动一二三产业融合发展，在测算分配农业生产发展资金等农业相关转移支付时，将贫困情况作为分配重要因素，重点加大对贫困地区的倾斜支持力度，按照贫困县统筹整合使用财政涉农资金政策，支持用于扶贫产业发展。

4. 引导金融机构投放扶贫小额信贷

通过贷款贴息、风险补偿，引导金融机构为贫困户发展产业提供“5 万元以下、3 年期以内、免担保免抵押、基准利率放贷、财政资金贴息”等，累计投放扶贫小额信贷 6000 多亿元，主要用于支持贫困户发展扶贫产业。

5. 提高对地方优势特色农产品保险奖补标准

对纳入试点范围的地方优势特色农产品保险保费，在省级及省级以下财政至少补贴 35% 的基础上，中央财政对中西部地区补贴 30%，对东部地区补贴 25%。2020 年扩大了政策试点范围和保险品种，进一步支持贫困地区优势特色农业产业发展。

6. 发挥农业信贷担保体系作用

截至 2019 年底，全国农担累计担保金额 2203 亿元、在保余额 1190 亿元，在保放大倍数 2.01 倍，大力支持贫困地区解决农业适度规模经营融资需求难题，积极支持扶贫产业发展。

7. 大力开展消费扶贫

推动各级机关和国有企事业单位等带头参与消费扶贫，搭建政府采购贫困地区农副产品网络销售平台，采购832个国家级贫困县农副产品，动员民营企业等社会力量参与消费扶贫，扩大贫困地区产品和服务消费规模，解决贫困地区农副产品“销售难”问题，从而促进贫困地区产业发展。

（二）采不尽的阳光金矿　光伏扶贫显成效

光伏扶贫是在光照条件较好的地区建设光伏电站，通过光伏发电收益进行扶贫。光伏扶贫补贴政策属于可再生能源发电补贴政策的一种类型，按照发电量和既定的补贴标准享受补贴。目前主要建设模式是村级光伏电站，即利用村集体土地建设小型光伏项目，产权归村集体所有，收益形成村集体经济，用以开展公益岗位扶贫、小型公益事业扶贫、奖励补助扶贫等。财政部从2017年起参与光伏扶贫，主要做了以下三方面工作。

1. 建立光伏扶贫“绿色通道”机制

光伏扶贫补贴属于可再生能源发电补贴政策，由于政策机制不合理，可再生能源发电补贴资金存在较大缺口。为确保光伏扶贫补贴资金能及时到位，中央财政明确在精准识别贫困户的基础上，对光伏扶贫开设补贴“绿色通道”，在可再生能源发电补贴中优先发放光伏扶贫补贴，并单独设立光伏扶贫补贴目录。此后，会同有关部门公布了三批光伏扶贫补贴目录，涉及光伏扶贫项目规模2203万千瓦，覆盖贫困户279万户。光伏扶贫项目进入“绿色通道”后，优先足额拨付补贴资金，先后拨付206.86

亿元，确保贫困收益及时到位。

2. 特殊政策解决遗留问题

2016 年以来，一些地方参照中央政策建设了一批光伏扶贫项目，由于没有国家下达的规模和计划，无法享受补贴政策。考虑到这批项目已经建成，财政部研究提出将此事项作为财政特殊支持政策巩固脱贫成果，由相关部门严格审核后补充纳入国家规模范围内，享受国家补贴政策。按此形成方案上报习近平总书记审阅同意后，这部分项目已纳入补贴范围，资金拨付上比普遍光伏电站优先。

3. 配合做好项目管理和收益分配工作

财政部配合相关部门先后出台了光伏扶贫收益分配办法和项目管理办法，并根据实际情况不断调整。如 2020 年 2 月，会同国务院扶贫办要求地方将 2020 年光伏扶贫发电收益的 80% 用于公益岗位，以支持鼓励贫困劳动力就近就业，减少疫情对外出工作的影响。从实施效果看，收益调整有效稳定了疫情期间贫困劳动力收入水平，实现就地就近就业。

经过几年努力，光伏扶贫取得显著成效，全国村级光伏扶贫电站建设规模达到 1500 万千瓦，覆盖 6.6 万个贫困村，惠及贫困户超过 279 万户，预计年发电收益 130 亿元，且将持续稳定发挥“政策红利”20 年，在壮大贫困村集体经济、促进贫困户增收脱贫、稳固脱贫成果方面发挥了重要作用，被老百姓形象地称为“采不尽的阳光金矿”。

（三）辽宁义县：走好产业扶贫之路　全力打赢脱贫攻坚战

义县是辽宁省级扶贫开发工作重点县，2015 年底有贫困村 151 个，建档立卡贫困人口 46698 人。义县把产业扶贫作为脱贫攻坚的根本举措，探索出了一条具有义县特色的产业扶贫之路，几年来实施产业扶贫项目 332 个，助推了 4.6 万贫困人口脱贫，151 个贫困村销号，省级贫困县摘帽。

1. 聚力四个坚持，筑牢产业扶贫的基础

精准扶贫，产业是“根”。近年来，义县在发展扶贫产业、提高贫困户内生发展动力上下功夫。一是坚持因地制宜发展产业。充分利用本地的资源禀赋和产业基础，积极引导各村发展既适合本地条件，又有利于脱贫增收的特色产业项目，做到宜菜则菜、宜果则果，宜畜则畜。二是坚持深化改革推动增收。借鉴贵州省六盘水市改革经验，在全县推行了农村“三变”改革，将扶贫资金和贫困户土地、劳动力等资源入股到经营主体，完善利益联结机制，促进贫困人口持续稳定增收。三是坚持典型示范释放动力。先后总结出 18 个产业脱贫典型村经验并加强宣传推广，以点带面，形成了示范效应。四是坚持扶贫工作扶志为先。在全县开展了道德扶贫，举办了道德节目展演、道德人物评选和道德讲堂等系列活动，有效激发了贫困群众脱贫致富的动力和参与产业扶贫的积极性。

2. 突出四个主体，更新产业扶贫模式

产业发展，质量是“魂”。在产业扶贫中，义县坚持精准施策，探索了30余种产业扶贫模式，使产业扶贫的效果更精准、更稳固、更持续。一是突出政府主导引领。根据产业发展方向，由政府规划项目、整合资源、出台政策，乡村具体负责项目实施，贫困户最终受益。经年发展，已经形成了光伏发电、资源开发、科技成果转化等模式。二是突出经营主体带动。强化龙头带动作用，形成了企业牵动、合作社引领、大户带动等模式，帮扶贫困人口增收。如锦州九丰食品有限公司吸纳扶贫资金，通过保底分红、雇用贫困户打工等方式带动贫困户脱贫。七里河镇七里河村以合作社为依托，引导贫困群众以扶贫资金入股挣“股金”、土地流转挣“租金”、劳务打工挣“薪金”，实现脱贫增收。三是突出社会力量帮扶。产业扶贫中，注重发挥社会各界作用，引导锦州银行无偿捐赠资金3.75亿元，重点发展光伏发电、规模养猪和智能型大棚产业扶贫项目，通过分红、设立公益岗位等形式，使义县4个贫困乡镇近万户贫困人口受益。盘锦市政府和辽河油田连续4年无偿提供扶持资金4000万元，帮助贫困村发展脱贫产业。锦州市军分区实行驻军联手、整体发力、集中帮扶，成为军地扶贫协作的成功典范。四是突出群众自主创业。充分利用产业项目样式多、收益快等特点，引导贫困群众从家庭实际出发，发展产业项目，推动形成了庭院经济、电子商务、家庭手工等产业发展模式。如张家堡镇一家峪村的30多名贫困群众，把水果、蜂蜜、“溜达鸡”等农副产品实行网上销售，人均年增收千元以上。

3. 完善四项机制，增强产业扶贫的动力

质量提升，机制为“要”。义县不断完善扶贫工作机制，强化组织领导，明确责任分工，着力为产业扶贫提供制度保障。一是健全责任传导机制。坚持党政主要领导“双组长”负责制，建

立县领导包片包乡、科级领导包村包户制度，逐级夯实责任，层层传导压力，推动产业扶贫工作有序开展。发挥帮扶队伍作用，组织 29 名县级领导、541 名科级干部与 674 户贫困户结成对子，有针对性地开展结对帮扶。二是完善政策激励机制。围绕到 2020 年全县农村人口实现人均一亩高效田、一亩果树、一百只鸡的目标，出台了《农业“111”工程奖励办法》等支持政策，充分调动了扶贫干部的工作积极性，推动产业扶贫项目有效实施。三是强化金融扶持机制。积极推进省农信社“亿元贷款千人脱贫”项目和“牧原集团 5 + 扶贫”模式，充分利用扶贫再贷款等手段发挥风险基金放大效应，为产业扶贫提供资金保障。截至目前，累计发放贷款 3 亿余元。四是建立考核评价机制。制定了《脱贫销号镇村干部考核办法》，激励广大干部扎根基层、干事创业。三年来，对在产业扶贫工作中表现突出的 18 名干部进行了提拔重用。

4. 激发多重效应，鼓足经济发展后劲

产业助推，发展为“本”。义县充分调动政治、经济、社会等资源要素，优化了农业产业结构，增强了集体经济实力，提升了基层组织凝聚力，推动了产业扶贫长足发展。经过努力，全县消灭了集体经济“空壳村”，实现了村村有主导产业、户户有增收项目。近年来，全县新增高标准农田面积 11 万亩，新增果树面积 10 万亩，年出栏肉鸡超过了 3500 万羽，优势产业初具规模，产业链条初步形成，有力推进了县域经济稳中有进和产业扶贫项目高质量发展。

5. 探索产业模式，擎起脱贫攻坚“顶梁柱”

义县结合资源禀赋，重点发展种养等优势农业产业，积极推

广十大产业扶贫模式，将产业项目和扶贫对象牢牢“捆绑”，做到村村都有主导产业，户户都有增收项目。在养殖项目上，先后与牧原、温氏等上市养殖集团企业合作，签订收购保护价，依靠上市企业管理经验、创收能力以及应对市场风险能力强的优势，极大地降低了市场风险，提高了扶贫项目收益。2019 年新建养殖项目 24 个，投入扶贫资金 3358 万元，带动贫困户 6651 户次增收。在种植项目上，为解决以往以村为单位实施项目而导致的项目小而散，信息技术、经营管理和产销能力较弱等问题，因地制宜大力发展“飞地经济”。由乡镇集合各类资金集中建设大棚，所建成的高效大棚采取对外租赁的方式，由合作社、大户等经营主体进行经营，乡镇和村按照一定比例收取租赁费，确保扶贫项目有稳定收益。2019 年投入扶贫资金 3788 万元，新建种植项目 40 个，促进贫困户 8709 户次增收。

6. 强化项目牵引，发展壮大村级集体经济

在发展产业的同时，义县注重发挥项目牵引作用，通过不断做大产业项目，带动当地壮大村级集体经济，拉动贫困户共同致富。以畜牧交易服务项目为例，义县于 2017 年在高台子镇桑土营子村投资 430 万元建成辽西活畜交易中心，成为以东北及蒙东等区域为腹地，辐射华北、华南大部的活畜交易集散地。截至目前，交易中心总交易量达 4 万头，交易额约 5.5 亿元，交易市场收入达 160 万元。辽西活畜交易中心的建立，充分调动了村民的积极性、主动性，村内肉牛养殖量由 2017 年初的 2000 余头上升到 6000 头，新增肉牛养殖户 48 户。按照每头牛净收入 2000 元计算，养殖户纯收入能够达到 1200 万元。此外，全镇活畜尤其肉牛养殖量也显著增加，其他乡镇肉牛养殖和交易活动也在交易中心带动下明显提升。交易中心运营过程中，雇用贫困户 7 户，使其通过劳务增收。

有效利用银行发放的扶贫贷款 1370 万元，通过分红形式带动全镇 278 户贫困户增收，并为村集体提供了长期稳定的收入。

（四）河南：创新工作举措　强化政策支持

发展产业是实现脱贫的根本之策。近年来，河南省深入贯彻落实习近平总书记关于扶贫工作重要论述精神，紧紧围绕脱贫攻坚总体目标，积极探索创新产业扶贫新模式、新机制，着力完善利益联结机制和长效机制，不断促进贫困群众脱贫增收，巩固脱贫成果，为接续推进全面脱贫与乡村振兴有效衔接提供有力支持。

1. 主要工作做法

（1）明确目标任务加大扶贫产业投入。“十三五”时期，河南省持续加强产业扶贫支持力度，印发《河南省产业扶贫脱贫实施方案》《关于产业扶贫三年攻坚行动的意见》等文件，指导各地充分发挥产业扶贫的“造血”功能和基础性作用，加快推动贫困群众增收脱贫。同时，河南省以稳定贫困群众增收为重点，坚持财政资金向扶贫产业倾斜，逐年加大产业扶贫投入占比，2020 年率先提出将专项扶贫资金投入产业占比提高到 50%，引导市县加大产业项目实施。

（2）深入研究谋划推动扶贫产业发展。一是强化工作保障。河南省成立了产业扶贫硬仗指挥部，省级领导负责，统筹协调推进产业扶贫相关工作。先后印发《关于加快推进产业扶贫的若干意见》《关于进一步加强到户产业扶持资金使用管理的通知》等指导文件，按照因地制宜、长短结合、集群发展、龙头带动、三产融合、群众参与的原则，创新开展产业扶贫“十大行动”，将产业发展模式和资金管理模式有效衔接，形成产业扶贫的稳定机制。二是积极开展调研。河南省财政聚焦产业扶贫，多次深入扶贫一线解剖麻雀，采取实地查看、座谈交流、入户访谈等方式，全面了解产业扶贫工作的现状和面临的主要问题，研究提出有关政策建议，形成《关于产业扶贫的调查与思考》专题调研报告，为各地结合产业扶贫特点，优化产业发展方向、完善产业扶贫政策提供理论和实践支撑。三是明确工作思路。河南省鼓励各地把扶贫产业发展纳入县域经济高质量发展和乡村振兴战略实施的大框架中去谋划，着力提升乡村发展新动能，巩固贫困群众脱贫新成效，提出“一统筹、二优化、三带动、四搞活”的总体思路，指导各地做好巩固拓展脱贫攻坚成果和乡村振兴衔接大文章。

（3）健全完善扶贫产业发展资金保障机制。一是规范扶贫小额信贷使用管理。河南省制定出台了《关于印发河南省扶贫小额信贷助推脱贫攻坚实施方案（暂行）等六个方案的通知》，围绕扶贫小额信贷助推脱贫攻坚，分别对扶贫小额信贷服务体系建设、信用体系建设、风险防控体系建设、工作考评等进行明确，加大对扶贫开发的金融信贷支持力度，着力破解贫困户发展产业资金瓶颈。二是创新扶贫产业信贷产品。河南省结合实际，制定出台了《“精准扶贫企业贷款”实施方案》，坚持“以政策扶持为引导、以市场化运作为导向、以防控风险为底线”的原则，通过降低带贫企业融资成本，不断扩大信贷投放，引导和支持符合条件的企业（含农民专业合作社）以相对稳定的利益联结机制带动贫困户脱贫增收。三是创新运用“保险＋期货”模式降低农产品自然市场风险。河南省一方面开发特色农产品险种，降低农业生产的自然风险。加大财政奖补力度，充分调动保险机构积极性，加快建立多层次农业保险体系，探索开展地方优势特色农产品价格保险、收入保险、“保险+期货”试点，推动农业保险“保价格、保收入”。另一方面，运用金融衍生工具，解决农产品价格波动的市场风险。河南省充分发挥郑州商品交易所作用，扩大主要农产品期货交易品种，推广“公司+专业协会+农户”和“订单+期货”的“延津模式”，联结分散农户实行“五统一”（统一供种、机播、管理、机收、收购）生产，加快种植业结构调整，提高农业产业标准化、组织化、规模化水平，促进小农户与现代农业发展衔接；通过期货市场套期保值，提前锁定生产利润，规避市场风险，提高农民收益。

2. 工作成效

河南省财政高度重视产业扶贫工作，把产业扶贫作为“五个一批”工程的第一个“一批”、十个精准帮扶举措的首要举措、“四场硬仗”的第一场硬仗来抓，充分发挥财政资金的引导撬动作用，因势利导支持各地扶贫产业发展，取得了显著成效。

（1）扶贫产业投入力度逐年加大。河南省聚焦产业扶贫这一主题，着力从财政资金投入、引导金融和社会资本支持上去谋划推动，不断强化产业发展资金供给，构建良好的产业发展环境。一是加强财政资金引导。2018 年以来，河南省累计安排财政专项扶贫资金 218 亿元，其中 2020 年安排 112 亿元，是 2018 年投入的 2.55 倍，用于产业扶贫的财政专项扶贫资金占比由 2018 年的 24%上升至 2020 年的 61%，制约产业发展的道路、供水、供电等领域问题有效解决，对吸纳贫困人口就业成效较好的带贫主体给予一定比例的奖励，营造了良好的产业发展环境。二是撬动资本支持龙头企业发展。河南省鼓励现代农业基金、农开基金通过直接股权投资和设立子基金等方式，投资入股龙头企业、新型农业经营主体。支持政策性农业信贷担保机构探索“生产订单、农业保单抵押”等融资模式，为村集体经济组织、龙头企业、新型农业经营主体和服务主体提供贷款担保增信，助其发展壮大。三是拓展金融支农服务。河南省创新和丰富有效抵押物品种，完善交易鉴证、价值评估、风险防范等配套机制，完善农村集体产权股份权能，推进土地经营权、集体资产和资源融资担保，落实扶贫小额信贷和精准扶贫企业贷款政策，推广兰考“普惠金融”和卢氏“小额信贷”模式，提高新型农业经营主体、村集体和农户发展产业所需资金的易得性。

（2）扶贫产业发展规模不断壮大。2017 年以来，河南省各级财政累计投入产业扶贫财政资金 332 亿元，发展产业扶贫项目 20821 个。其中发展特色种养项目 8836 个，投入资金 80.04 亿元；建设光伏电站 1.96 万个，投入资金 81.16 亿元；建设小型加工业项目 3735 个，投入资金 45.16 亿元；发展乡村旅游项目 404 个，投入资金 6.1 亿元；发展电商扶贫项目 208 个，投入资金 1.89 亿元。从效果看，财政投入和产业扶贫项目的实施有效推动了各地扶贫产业的培育和贫困群众的致富增收。截至 2019 年底，河南省累计发展优质小麦 1204 万亩、优质花生 2200 万亩，林果 930 万亩，蔬菜 2582 万亩，优质草畜 2439 万头，十大优势特色农业覆盖带动贫困人口 193 万人；建设光伏扶贫电站 2 万个，总规模容量 258.6 万千瓦，覆盖 107 个县（市、区）、40.4 万户贫困户；发展扶贫车间 4099 个，带动贫困人口 5.07 万人；培育乡村旅游示范县 12 个、特色村 205 个、示范户 1031 户，累计带贫人数 26 万人，户均年增收 3500 元左右；发展 95 个电商进农村综合示范县、1378 个乡镇电商服务站和 2.08 万个村级电商服务点，2019 年河南省通过电商实现农产品上行 415.7 亿元，带动 5.93 万名贫困群众就业创业。

（3）产业发展水平提升有力。河南省各地结合地域特点和资源禀赋，积极探索各具特色的扶贫产业发展模式，努力提高贫困群众的参与度，扩大产业扶贫的覆盖面，通过发展扶贫产业，优化经济结构、培育支柱产业、助力农民增收、壮大集体经济、搞活县域经济，达到了一举多得的效果。河南省范县积极承接劳动密集型产业转移，通过建车间、引企业、育龙头，累计投资1.97亿元，新建改造扶贫车间89个，吸纳8655人实现家门口就业（其中建档立卡贫困人口2074人），人均月工资达1500元左右。河南省漯河市临颍县按照“典型带动、因地制宜、点面结合、集约发展”的总要求，充分挖掘“中国休闲食品城”的产业基础优势，依托村集体建设食品原材料基地，实行订单生产，实现壮大村集体经济与产业扶贫双促双赢。该县367个行政村中，6个村村集体资产超亿元，351个村有集体收入，占行政村总数的95.6%，基本实现集体经济空壳村“清零”目标。河南省平舆县打造芝麻小镇，发展芝麻专业合作社200家，1.5万户贫困户种植白芝麻2.7万亩。河南省兰考县的“普惠金融”、卢氏的“小额信贷”，有效撬动金融资本支持扶贫产业发展。

（4）因势利导发展特色产业。河南省以涉农资金统筹整合为抓手，有针对性选取部分山区县、平原县结合地域资源禀赋，强化产业发展全域统筹布局，借助统筹整合政策红利，注重全局谋篇、龙头带动、辐射发展，推动各县探索各具特色的统筹整合资金管理模式，努力走出一条以脱贫攻坚统揽经济社会发展全局的有效路径。一是对于有一定资源基础的山区县，利用自然优势积极实施全域发展。河南省栾川县构建“扶贫项目统筹为先，区域落地为后”的资金统筹整合模式，在整合涉农资金的引导下，形成财政资金和社会资金的多元化投入，大力发展“全域旅游”，引领带动各行业经济发展。该县建成农家乐宾馆1178家，经过旅游培训的贫困户占全县贫困户总数的70%以上，总就业人数达到1.2万人。二是对于资源多样化的山区县，顺势而为提升综合发展能力。河南省光山县立足大别山自然特色和资源优势，实施“多彩田园”产业扶贫模式，努力实现扶贫产业对贫困户、新型经营主体、村集体的“三个全覆盖”，推动贫困群众融入产业链条，并在此基础上形成集现代农业、农产品加工、服务业等三产融合的综合产业扶贫措施，探索出一条脱贫攻坚与乡村振兴有效衔接的成功路径。卢氏县抓住产业扶贫这个关键，不断优化统筹整合资金投资结构，大力培育果、牧、烟、菌、药、菜六大支柱产业，发展核桃过百万亩、猕猴桃2万余亩、蜜蜂养殖3.3万箱、食用菌2.2亿棒、高效连翘87万亩，发展产业大棚3000余座，产业基地达到375个，显著增加了群众收入。三是对于有一定产业基础的平原县，立足传统产业打造全县域特色主导品牌。河南省柘城县坚持以脱贫攻坚统揽经济社会发展全局，着力做大做强辣椒产业，实行“财政资金撬动+金融机构贷款”政策激励支持，发展106个种椒专业村，建立10个千亩良种繁育基地和20个万亩高效示范园区，30万人通过辣椒产业走上了致富路，实现了“一业带动，万人脱贫”。

（五）湖北：培育产业实现脱贫 聚焦贫困持续增收

近年来，湖北省财政厅坚持把产业扶贫作为脱贫攻坚的根本之策，把培育产业作为实现脱贫的根本出路，聚焦贫困群众持续稳定增收这个最大的难题，支持贫困地区立足资源禀赋，顺应市场需求，按照“人无我有、人有我优、人优我特”的思路，扎实推进产业扶贫工作。

1. 建立规章制度，为产业发展提供行动指领

为了激励扶持产业发展，制定了产业发展奖励补助制度，督促各地因地制宜细化奖补标准，及时发放补助资金，支持贫困户发展产业，引导贫困户发展“菜篮子”“米袋子”短平快产业项目，支持地方政府统筹相关资金进行适当奖补。为了解决贫困户发展产业筹资难，推出了扶贫小额贷款贴息金融扶持政策，5 万元以下、3 年期以内、免担保免抵押、基准利率放贷、财政贴息，市县建立风险补偿金，为贫困户发展产业提信贷支持。为了解决贫困户发展产业风险大，推出了农业保险、产业保险等金融保险政策，最大限度地降低贫困户发展产业的风险。

2. 创新工作机制，增强产业发展活力

建立利益联结机制，推行“龙头企业 + 银行 + 保险 + 贫困户”的特色产业扶贫模式，建立健全减贫带贫市场主体与贫困户的利益联结机制，支持减贫带贫市场主体通过订单帮扶、土地流转、就业务工、生产托管、股份合作、资产租赁等带贫模式，帮助贫困群众获得订单生产、劳动务工、保底收益、入股分红、资产扶贫等收益，通过产业扶贫实现稳定增收。如恩施州利川市元堡乡，依托勤隆中药材专业合作社积极探索“合作社 + 基地 + 贫困户”的运行模式，合作社以马蹄大黄种植基地为载体，充分激发贫困群众的内生动力，带领当地建档立卡贫困户通过土地流转、提供种苗和回购、务工增收、扩大辐射面等方式，走上合作社盈利、贫困户增收的发展道路。

3. 立足资源禀赋，发展特色优势产业

支持贫困地区资源禀赋发展特色产业、实施产业扶贫，能够

有效提高贫困地区自我发展能力，实现由“输血式”扶贫向“造血式”扶贫转变。湖北省在发展特色产业上狠抓特色产业培育。在分析贫困地区资源禀赋、产业现状、市场空间、环境容量、新型主体带动能力和产业覆盖面的基础上，因地制宜规划发展特色产业，加快培育优势特色主导产业、脱贫增收支柱产业。如黄冈市蕲春县发挥本县资源禀赋，坚持发展蕲艾特色扶贫产业。把蕲艾作为县域发展和产业扶贫的“双引擎”，全县蕲艾种植面积达到18万亩；全县涉艾市场主体达到1580家，蕲艾全产业链实现产值36亿元，从业人员7万人，有3万多个贫困户实现蕲艾产业增收。2019年蕲艾产品线上销售额达到28亿元，被评为中国电商示范百强县、全国电商消贫十佳县。央视《新闻联播》两次报道蕲艾产业扶贫做法。

4. 打造龙头企业，带动产业发展壮大

支持龙头企业到贫困地区因地制宜发展特色产业，扶持一批扶贫龙头企业，做到以点带面，以面带全，纵向着力，横向撒网，发挥扶贫龙头企业的聚集带动效应。如黄冈市罗田县燕儿谷生态观光农业有限公司，是一家集生态农业、乡村旅游、园林绿化、健康养老等为一体的乡村旅游产业扶贫示范综合体。公司所在地黄冈市罗田县骆驼坳镇燕窝湾村，是国务院扶贫办、国家旅游局确定的全国旅游扶贫试点村。罗田县构建“公司+集体+农户”的产业扶贫模式，坚持“五个结合”，抓好“七个联合”，探索产业扶贫新机制，取得了良好成效。

5. 发展多种经营主体，壮大地方产业经济

产业扶贫是促进贫困地区发展、增加贫困农户收入的有效途径，是扶贫开发的战略重点和主要任务。截至2020年9月，全

省建档立卡贫困村成立农民专业合作社 1.22 万家，省、市、县三级扶贫龙头企业 317 家，吸纳贫困劳动力 22579 人，扶贫车间 1534 个，吸纳贫困劳动力 18072 人。如咸宁市通城县大力发展中药产业，举全县之力坚持药材、药品、药市、药膳、药养“五药”并举，着力打造集中药材种植养殖、中药制造、中药贸易流通、中医药技术研发、中医药文化传播和中医药健康旅游于一体，一二三产业融合发展的中医药全产业链条。全县共发展中医药龙头企业 13 家，种植专业合作社 58 家，家庭农场 17 家，落实种植基地 246 个，带动了近 5 万农民参与产业发展，中药材发展惠及 3127 户贫困户，贫困户户均增收 2869 元。

6. 发挥“互联网 +”优势，助力产业发展

借助“互联网 +”优势，助力产业发展是湖北省在精准扶贫上的又一重要举措。紧盯新经济、新业态、新模式，全力做好网上企业信息发布、人才招聘、电商平台搭建等工作。充分运用微博、微信、抖音、快手、832 销售平台，国家扶贫网等网络平台帮助企业解决销售难问题。如谷城县汉家刘氏茶业股份有限公司，是一家国家级农业产业化龙头企业。2020 年新冠肺炎疫情的发生，致公司 86 个直营店未开门营业，396 个加盟店因疫情无人上门进货，公司累计滞销茶叶约 1100 吨。面对困境，汉家刘氏茶业公司不等不靠，积极开拓销售渠道，创新销售方式，开展网上直播带货，争取抖音、天猫、京东、拼多多等各大网购平台，《人民日报》、中央电视台的《经济半小时》等媒体、财政预算单位和各级供销系统的支持，抓住政府采购消费扶贫政策机遇，突破重围，不仅公司扭亏为盈，而且带动了基地贫困户脱贫增收，成为全省脱贫攻坚的典范。

（六）甘肃临洮：统筹整合财政涉农资金 助推百合产业快速发展

为支持打赢打好脱贫攻坚战，确保如期实现整县脱贫摘帽目标，甘肃省临洮县加快发展百合产业，按照“区域化布局、规模化生产、集约化经营、品牌化促销”的发展理念，2018—2020年，通过统筹整合中央和省级财政专项扶贫资金、林业改革发展资金、农村综合改革转移支付资金等财政涉农资金3541.87万元，用于百合产业发展，全面加快了百合产业升级步伐。

1. 种植规模迅速扩大，经济效益逐年攀升

甘肃省临洮县百合种植区域耕地面积约28万亩，由于气候、土壤条件的不同，所产百合商品形状差异较大，适宜种植面积7.8万亩。2018年以来，该县统筹整合财政涉农资金1746.87万元用于支持有条件发展百合种植的贫困户发展百合产业，采取以百合产业发展起步奖补、种植面积达标奖为主的以奖代补方式，在临洮县中铺、太石、辛店、新添、上营等兰州百合主产区和窑店、上营、南屏等高海拔山区9个乡镇的62个行政村，培育形成5.6万亩百合产业种植区，较2015年扩大2万亩。年采挖面积1.3万亩，产量达1100万公斤，按市场价10—18元/公斤测算，总产值达1.53亿元，较2015年总产值0.98亿元增加0.55亿元，群众每亩获得收益1万—1.6万元，纯收益达6000元左右。

2. 产业链条不断延伸，产品附加值进一步提高

2018年以来，甘肃省临洮县投入涉农整合资金1795万元，依托32个农民专业合作社在百合种植集中的中铺、太石、辛店、

站滩、上营、南屏6个乡镇25个百合产业村，建成150平方米百合保鲜库39座，贮藏能力达到6000多吨，实现错峰销售、提高产品附加值的目标。截至目前，临洮县已拥有百合产品加工企业16家，合作社40家，建成百合保鲜库65座，年储藏能力达10780吨，初步建成了一批有规模、上档次、科技含量高、带动能力强的百合产品储藏加工企业。规模化生产主要依托恒德源公司、雪源金正百合生产有限责任公司及百合集中产区的加工生产农民专业合作社。甘肃省临洮县百合年加工总量约为5000吨，加工主产品有真空包装、碗装鲜百合、百合干，副产品有干百合花、速冻百合花，精深加工产品有百合莲子羹、百合咖啡等。近年来，该县百合产品主要销往广东、上海、长沙、武汉、新疆等地的城市。

3. 品牌建设取得重要突破，产品知名度不断提升

近年来，甘肃省临洮县通过实施百合产品加工品牌战略，突出“高原、有机、绿色、环保、无污染、健康”六大优势，加大百合产品商标注册力度，持续培育发展特色百合产品品牌，充分发挥了品牌效应。2010年，甘肃省临洮县中铺镇9个村的1万亩百合分别通过甘肃省无公害蔬菜产地认定和产品认证；2016年临洮雪源金正百合有限责任公司的1.498万亩百合被认定为绿色食品A级产品；2019年完成了雪源金正、恒德源、脆香玉、太石镇豁岘村、中铺华玉鑫等8家百合加工企业农产品质量安全追溯平台的建设，配备了相关设备。认证雪源金正百合绿色食品一个，面积1.5万亩。建成中铺镇田家沟村、崔家山村、蒋家山村、伊寺村等7个百合有机生产基地，认证百合有机产品7425亩。积极发展无公害标准化的“兰州百合生产基地”，充分利用各种形式开展多层次、全方位的宣传，2004年临洮食用百合生产

区纳入了“兰州百合”原产地保护范围。近年来，在当地政府主导下，各产地严格按照兰州百合生产标准，规范生产过程，以实际行动维护兰州百合原产地品牌下的临洮珍好区域公共品牌。

4. 利益联结更加紧密，攻坚合力持续增强

甘肃省临洮县创新产业扶贫模式，结合农村“三变”改革政策，在不改变统筹整合财政涉农资金用途的前提下（资产收益扶贫），以新型经营主体为项目建设载体，以“新型经营主体+村集体+建档立卡贫困户+保险”的发展模式，将财政涉农整合资金1795万元折股量化，贫困户实现分红收益287.2万元，带动3000多户贫困户增收致富，构建了统筹整合财政涉农资金扶贫新模式。

（七）云南：加强资金保障　带动产业扶贫

1. 实施省级源头整合，加强资金保障

2016年以来，云南省持续深入推进贫困县涉农资金统筹整合试点工作，多措并举加大资金投入，保障贫困县整合财政涉农资金自主权，激发贫困县内生动力。

（1）推进资金使用权限下放县级。从2018年起，云南省针对贫困县统筹整合使用财政涉农资金工作中存在的“不能整”“难落实”等问题，从省级层面开展统筹整合，促进贫困县实质整合。报经省政府常务会议通过，云南省财政厅印发了《关于推进财政涉农资金省级源头整合支持贫困县脱贫攻坚的意见》（云财农〔2018〕71号），通过改革涉农整合资金省级分配方式、下达方式，改革行业部门工作重心，改革绩效评价方式等政策机制

的设计，破除阻碍整合的体制机制性障碍。一是改革中央和省级财政涉农资金分配方式为“先切块、后下达”，切块标准为分配到贫困县的每一项财政涉农资金的增幅不低于该项资金的全省平均增幅，对贫困县分配资金时，扶贫因素和行业因素分别占60%和40%，凸显脱贫攻坚为首要目标；二是改革资金的省级下达方式，纳入整合范围的中央和省级财政涉农资金以“云财整合”的资金文号切块下达，并注明“用于精准扶贫”，实现目标、资金、任务、权责“四到县”，由县级统筹用于农业生产发展和农村基础设施建设，淡化部门专项资金色彩。

（2）加大产业扶贫资金投入。2016年以来，云南省财政不断加大整合财政涉农资金投入，其中2016年278.19亿元、2017年352.36亿元、2018年376.62亿元、2019年482.5亿元。2020年截至11月底，已下达88个贫困县中央和省级涉农整合资金（含专项扶贫）共计351.15亿元，为贫困县集中财力办大事奠定了坚实的财力基础。同时，为切实加大产业方面的扶贫投入，2018年底，云南省财政厅配合省产业扶贫领导小组办公室印发了《云南省特色产业扶贫三年行动计划（2018—2020年）》（云产业扶贫办〔2018〕1号）及《云南省产业扶贫工作考核办法》，要求各贫困县每年投入产业扶贫项目资金不低于本县财政整合涉农资金的30%。确保各地脱贫攻坚领导小组安排脱贫攻坚项目时，倾斜资金用于产业扶贫项目，形成“多个渠道进水、一个龙头放水”的投入格局。据统计，2019年，云南省财政整合涉农资金总额521.87亿元，实际投入产业扶贫项目资金为178.65亿元，占比34.23%；2020年，云南省88个贫困县计划投入产业扶贫项目资金175.69亿元，占计划整合财政涉农资金总额457.27亿元的38.42%，较2019年提高4.19个百分点。

2. 支持重点项目，带动产业扶贫增效

（1）支持“绿色食品牌”打造。自2018年推进“绿色食品牌”打造以来，云南省级财政围绕茶叶、花卉、水果、蔬菜、核桃、咖啡、中药材、肉牛、生猪等产业，按照“大产业+新主体+新平台”发展模式和“科研+种养+加工+流通”全产业链发展思路，充分发挥财政职能作用，每年安排10亿元专项资金，支持“绿色食品牌”打造。2020年，为加大市场主体奖补支持力度，云南省进一步加大资金筹措，拟筹集20亿元支持特色农产品加工和冷链物流建设，全力支持“绿色食品牌”打造。在2018年研究出台绿色食品产业投资奖补、云茶产业绿色有机发展、一县一业示范创建补助、“10大名品”“10强企业”“20佳创新企业”评选奖励等系列奖补政策的基础上，2020年，云南省进一步修订绿色食品产业鼓励投资办法，明确对2018年8月1日至2020年10月31日两年累计绿色食品资产性投资1亿元（含）以上的，按10%给予奖补；出台特色农产品生产加工和冷链物流建设政策措施，从茶叶绿色有机发展、花卉无土栽培、农产品精深加工及冷链物流投资奖补等10个方面加大支持；支持生猪产业加快生产发展，对生猪产能提升、引进良种猪、规模养殖场建设等给予奖补支持。通过全面补齐农业发展短板，引进一流企业投资绿色有机农业和食品产业发展，带动云南农产品转型升级，打造具有云南特色、高品质、有口碑的农业金字招牌，加快形成品牌集群效应，提升“绿色食品牌”打造成效。

（2）支持特色农业产业发展。2017年以来，云南省先后争取将思茅区、芒市、开远市现代农业产业园纳入国家现代农业产业园创建项目范围，获得中央资金补助2.58亿元；争取中央产业兴村强镇项目29个，获得中央补助资金2.7亿元；争取中央优势特色产业集群建设项目 2 个，下达项目资金 2 亿元，充分发挥产业园引领示范作用，推动产业形态由“小特产”升级为“大产业”，空间布局由“平面分布”转型为“集群发展”，主体关系由“同质竞争”转变为“合作共赢”，形成结构合理、链条完整的优势特色产业集群，培育农业农村经济新动能、带动农民增收致富。

（3）强化利益联结机制。一是将发展重点产业与产业扶贫结合。云南省将有发展基础、有优势潜力的贫困县优先纳入全省“一县一业”示范创建及重点产业项目，2019 年确定的全省 20 个“一县一业”示范县和 20 个特色县中，有 28 个贫困县进入创建行列，占创建总数的 70%；中央 29 个产业兴村强镇项目中 25 个为贫困县；蔬菜产业集群项目包括了云南怒江州草果产业。着力打造贫困地区特色产业高质量发展标杆，引领带动云南省贫困地区特色产业加快转型升级，促进贫困县形成“县有主导产业、村有产业基地、户有增收项目”的发展格局。二是强化利益联结机制。2019 年 6 月，云南省出台了《关于进一步加强产业扶贫工作规范“双绑”机制的指导意见》，大力推广“双绑”模式，以订单生产、生产托管、土地流转、股份合作、资产租赁、就业务工等多种利益联结方式为纽带，推动企业绑定合作社、合作社绑定贫困户，进一步提高产业扶贫组织化程度。目前，云南省共形成 26 个扶贫主导产业体系，参与产业扶贫各类新型农业经营主体达 2.95 万个，带动有产业发展条件贫困户 165.71 万户，做到有产业发展条件和主体带动意愿的贫困户都有 1 个以上新型经营主体带动，基本实现了产业到户全覆盖，全省贫困地区农村居民人均可支配收入达 10771 元，首次突破万元大关。

（4）壮大村集体经济。2016—2018 年，云南省择优选取 30 个县（市、区），以县为主开展试点工作，每个县安排 1000 万元，要求每县选择不少于10个行政村，围绕资源有效利用、提供服务、物业管理、混合经营等多种集体经济实现形式，探索扶持和壮大村集体经济实力的有效途径。2019—2020年，云南省累计安排中央及省级资金10.51亿元，在113个县支持实施2101个扶持村级集体经济发展试点项目。通过5年的持续稳步推进，推动了云南省村集体经济试点"扩面""提速""集成"，为决战脱贫攻坚提供强有力的政治保障和组织保障。同时，云南省通过有效盘活土地资源，建立健全农业经营主体与贫困村集体、贫困户的利益联结机制，支持发展产业带动、强化基础设施建设、探索股份合作等形式，有效增强贫困地区"造血"功能和贫困群众自我发展能力。截至2019年底，云南省13631个村集体经济总收入173.5亿元，比2018年增长16.6%，有经营性收入的村11564个，占全省总村数的84.8%，比2018年增加682个，增长6.3%，全省已有11个州（市）全面消除了贫困村集体经济"空壳村"。

3. 撬动金融支持，促进产业扶贫发展

（1）提升产业扶贫保险供给和保障水平。一是加大农业保险保费补贴力度，推动农业保险提标、扩面、增品。截至2020年10月，云南省农业保险全面覆盖全省16个州（市）、129个县（市、区），将11个种植业险种（水稻、玉米、小麦、油菜、马铃薯、青稞、甘蔗、橡胶、烟叶、咖啡、苹果），5个养殖业险种（能繁母猪、育肥猪、奶牛、牦牛、藏系羊）以及森林火灾险种纳入财政补贴农业保险范围。2015年至2020年10月末，云南省共计筹措下达中央和省级农业保险保费补贴资金34.48亿元，充分发挥农业保险对推进农业发展、保障农民收益、助力脱贫攻坚的重要作用。二是完善农业保险保费补贴政策，鼓励发展特色

农业保险。云南省制定了《云南省财政厅 云南省农业农村厅 云南省林业和草原局 中国银保监会云南监管局关于印发〈云南省加快农业保险高质量发展实施方案〉的通知》(云财金〔2020〕112号)。摸底全省各州市和省内保险公司开展地方优势特色农业保险工作,2018—2019年,云南省共计开展74个地方优势特色农产品保险险种,保费规模共计9.35亿元,提供风险保障金额223.62亿元。同时,通过积极争取,云南省被纳入中央地方优势特色农产品保险险种奖补范围,为发展云南高原特色现代农业、更好地发挥农业保险在农业产业领域的风险保障作用奠定政策基础。云南省积极拓宽农村金融服务路径,鼓励开展农业保险保单质押贷款,通过农业保险在产业扶贫领域的融资增信功能,提高农户信用等级,有效缓解农户"贷款难、融资贵"问题。

(2)发挥农业信贷担保作用。云南省积极贯彻落实中央农业信贷担保政策,督促云南省农担公司充分发挥政策性农业融资担保机构作用,进一步完善农担体系,稳步推进业务发展,不断降低担保费率,将担保费从不超过1.5%(扶贫项目1%)降低至0.8%(扶贫项目降至0.5%),积极服务云南省"绿色食品牌"打造和乡村振兴战略,全力支持云南省"三农"发展,着力解决新型农业经营主体"融资难""融资贵"问题。截至2020年10月,云南农担业务已覆盖全省16个州市、129个县(市、区),新增担保10085户,金额39.08亿元,在保户数17832户,在保余额80.22亿元,累计担保户数34796户,累计担保金额137.93亿元,对"政策性业务"提供融资担保服务的综合融资成本由8%降至7.5%以内,新型农业经营主体的综合融资成本降低了0.5—2个百分点。同时加大了对怒江州、迪庆州、曲靖市会泽县、昭通市镇雄县、丽江市永胜县等"三区三州"及国家深度贫困地区的农担业务支持，共计担保6036户，担保金额31.17亿元，占比22.6%。

（八）贵州：发挥“三力”　振兴产业

近年来，贵州省财政厅围绕省委省政府提出的来一场振兴农村经济的深刻的产业革命，发挥“三力”，重点支持12个特色优势产业发展，为振兴贵州农村产业革命贡献积极财政力量。目前，12个特色优势产业规模、产量、产值整体快速增长，在全国知名度和影响力迅速提升，已成为贵州省助农增收、脱贫攻坚和乡村振兴的主导产业。辣椒产加销全国第一；茶叶、蓝莓、李子、刺梨种植面积全国第一；食用菌裂变式发展，迈入全国生产第一梯队省份；猕猴桃、火龙果等产业名列全国前茅；百香果快速发展，产业规模跃居全国前三；太子参产量占全国需求量40%，初具全国定价权。在产业日新月异的同时，贵州省大力推广“龙头企业+合作社+农户”组织方式，有效促进贫困农户增收脱贫，12个特色优势产业预计带动2019年底全省剩余建档立卡贫困人口28.56万人增收，占年底剩余建档立卡贫困人口总数的92.7%。

1.“竭尽全力”，确保财政资金投入只增不减

贵州省财政在财力极其困难的情况下，不断优化支出结构，积极推动财政资金向产业项目聚集。加强统筹整合，指导贫困县用好用足涉农资金整合试点政策，优先保障贫困人口直接受益的产业发展资金需求，原则上用于农业生产发展的资金占比不低于60%，2020年1月至10月，全省66个贫困县统筹整合资金支持产业项目共支出100亿元，占整合资金总支出的67.9%。加大预

算安排，在确保原有农业产业投入不减的基础上，2019 年、2020 年连续两年共计增加安排 31 亿元，支持 12 个特色优势产业打造全产业链提升全产业链，围绕生产、加工、销售、科研、品牌建设等环节使用。拓宽使用范围，为帮助各地应对疫情不利影响、尽快复工复产，允许各地因地制宜调整和优化扶贫资金管理使用，对积极参与省委、省政府确定的 12 个特色优势产业发展的贫困户，采取因户施策方式给予适当的种苗、化肥、农药等生产物资补贴。减政放权到县，允许各县结合本地脱贫攻坚工作实际，通过中央脱贫攻坚补短板综合财力补助资金帮助企业克服疫情影响、支持稳定贫困劳动力就业和农产品产销对接。

2. “靶向发力”，切实推行绩效承诺奖补

贵州省财政坚持以绩效结果为导向，采取“以奖代补”和“申报承诺”的方式加强资金管理使用，提高资金使用效益。每个产业出台一个资金管理办法，逐一明确资金奖补条件、奖补标准和申报程序等，帮助农业产业经营主体“对号入座”、有针对性地选择优势产业项目，待完成项目绩效目标、达到奖补要求时兑现产业资金，形成“谁工作成效好、谁财政奖励多”的激励机制，促使产业奖补资金用活用好用实。2020 年上半年，委托第三方机构对 12 个特色优势产业资金开展重点绩效评价，摸清资金使用效果，强化结果运用，增强各级各部门“花钱必问效，无效必问责”的绩效管理意识。加强与扶贫资金监督检查有效结合，对工作推进不力、实施问题较多的市县进行约谈，着力解决资金闲置、挪用、用得不好、没用到“刀刃”上等问题。

3. “多用巧力”，创新方式吸引更多资金投入

近年来，贵州省财政积极推进财政支持产业发展方式转型，

广泛运用政府性投资基金、保险、担保、风险补偿等方式，有效发挥财政资金“四两拨千斤”的作用，形成“乘数效应”。充分利用贵州绿色产业扶贫投资基金，省市县三级财政共同出资 138 亿元、撬动银行贷款 784 亿元，重点支持符合条件的农业产业化规模化项目。2019 年以来共围绕 12 个产业投资项目 1247 个，投资金额 411 亿元。完善农业保费补贴政策，逐步形成中央政策性农业保险、省级政策性家禽、蔬菜保险以及地方特色农业保险共同支持 12 个产业发展的格局，实现 12 个产业保险全覆盖。经积极争取，从 2019 年起，作为西南 5 省中的唯一省份，纳入中央对地方优势特色农产品保险奖补试点，对茶叶、蔬菜、辣椒、食用菌和生态家禽给予额外保费补贴。2019 年以来全省围绕 12 个产业共为 292 万户农户提供风险保障 528 亿元，累计支付赔款 11 亿元。强化政策性担保措施，对符合要求的新型农业经营主体提供融资担保服务。通过省市县三级一体的全省农业信贷担保联盟，对 12 个产业适度规模经营主体提供担保费率不超过 2%，代偿率不超过 3% 的融资担保服务。2019 年以来，贵州省省级政策性担保公司共为 12 个产业项目提供担保资金 9591 笔，涉及融资金额 23 亿元。

二、就业扶贫

近年来，为贯彻落实党中央、国务院关于脱贫攻坚工作要求，财政部门配合人力资源社会保障部等部门出台了一系列政策措施，积极指导各地用好就业补助资金、职业技能提升行动资金等，对16周岁以上、有劳动能力的建档立卡贫困人口及“三区三州”等深度贫困地区、52个未摘帽贫困县、易地扶贫搬迁安置区等特殊困难地区的农村劳动力实施就业帮扶。

（一）大力推进就业扶贫工作

一是通过有组织劳务输出、发展扶贫车间、创业带动等方式拓宽就业渠道。对贫困劳动力给予交通费补贴、一次性求职创业补贴，对开展有组织劳务输出的人力资源服务机构、劳务经纪人给予就业创业服务补助。

二是通过社保补贴、创业补贴、提高稳岗返还标准等措施鼓励企业吸纳就业，支持自主创业和灵活就业。对企业吸纳登记失业半年以上人员就业且签订1年以上劳动合同并按规定缴纳社会保险的，可给予一次性吸纳就业补贴，对吸纳贫困劳动力就业规模大的，各地可通过财政专项扶贫资金给予一次性奖励。对吸纳贫困劳动力的企业，按其为贫困劳动力实际缴纳的基本养老保险费、基本医疗保险费和失业保险费给予社保补贴。对贫困劳动力灵活就业后缴纳的社会保险费，给予不超过实际缴费2/3的社保补贴。将“三区三州”等深度贫困地区的失业保险参保企业稳岗返还标准由上年度实际缴纳失业保险费总额的50%提高到60%。对首次创办小微企业或从事个体经营的贫困劳动力，自工商登记注册之日起正常运营6个月以上的，给予一次性创业补贴。

三是通过统筹利用公益性岗位进行兜底安置，用好公益性岗位助力脱贫攻坚。使用就业补助资金等渠道，切实发挥公益性岗位“兜底线、救急难”作用，聚焦城乡公共服务短板，合理利用临时性城镇公益性岗位，协同协力用好乡村公益性岗位，对通过市场渠道难以实现就业的符合条件的贫困劳动力按规定进行兜底安置。

四是通过给予职业培训补贴、职业鉴定补贴等方式助力贫困劳动力实现技能提升。为贫困劳动力优先免费提供基本公共就业服务。对参加就业技能培训、创业培训的贫困劳动力，按规定给予职业培训补贴、培训期间的生活费补贴。对企业、农民专业合作社和扶贫车间等生产经营主体吸纳贫困劳动力就业并开展以工代训，以及参保企业吸纳就业困难人员、零就业家庭成员就业并开展以工代训的，给予一定期限的职业培训补贴。对中小微企业吸纳就业困难人员、零就业家庭成员、离校两年内高校毕业生、登记失业人员就业，并开展以工代训的，可根据吸纳人数给予企业职业培训补贴。

（二）扎实做好就业资金保障

财政部门坚持将脱贫攻坚作为最大的政治任务和最大的民生工程，着力加大财政扶贫投入力度，规范资金使用，切实发挥就业资金的扶贫减贫作用。在中央财政就业补助资金分配中，中央财政对中西部贫困地区予以倾斜支持，2019 年、2020 年对“三区三州”深度贫困地区实行补助资金“戴帽”下达，对 52 个挂牌督战贫困县所在省倾斜支持。各地积极发挥就业补助资金作用，切实落实各项就业创业扶持政策，统筹各级就业补助资金用于就业扶贫方面，助力各项政策措施有效贯彻实施。在以习近平同志为核心的党中央坚强领导下，在各地各部门的共同努力下，就业扶贫工作取得积极成效，贫困劳动力就业规模由 2016 年的 1527 万人，逐年增长至 2020 年的 3243 万人。

以广西壮族自治区为例。“十三五”期间，自治区先后出台支持就业扶持车间建设、扶贫公益性岗位开发、鼓励当地企业吸纳贫困劳动力就业等政策，鼓励企业吸纳建档立卡贫困户就地就近就业。支持实施返乡创业带头人培养计划、创业服务能力提升计划，支持开展“千村万企”技能培训行动，带动更多贫困劳动力就业。据统计，2016—2020 年，自治区累计认定就业扶贫车间 4377 家，直接带动就业 30.2 万人，其中贫困劳动力 5.64 万人；完成“两后生”培训 4 批共 1.66 万人，“千村万企”培训贫困人员 19.27 万人次，有效扩大自治区内贫困劳动力就业规模、提高就业质量。

三、易地扶贫搬迁

（一）易地扶贫搬迁实施情况综述

易地扶贫搬迁是“五个一批”精准扶贫的重要组成部分，是打赢脱贫攻坚标志性工程。“十三五”期间，中央财政贯彻落实习近平总书记“易地搬迁脱贫一批”的重要指示精神，全力支持实施易地扶贫搬迁工程，为“一方水土养不起一方人”地区贫困人口实现搬迁脱贫作出了重要贡献。

1. 创新研究提出筹资思路，参与制定搬迁支持政策

中央财政积极拓宽思路，创新性研究提出了支持易地扶贫搬迁的一揽子政策，支持打响脱贫攻坚“揭幕战”。

（1）研究提出多元化筹资方式。“十三五”期间，要完成约1000万贫困人口的易地扶贫搬迁任务，总投资规模将近6000亿元。2015年底，在财政收支形势严峻的情况下，中央财政拓宽筹资思路，提出利用市场化机制，多渠道筹集资金的建议。经报国务院领导同意，筹资渠道主要包括：支持各省调整地方政府债务结构，安排1000亿元作为易地扶贫搬迁项目资本金；通过国家开发银行和农业发展银行（以下简称“两行”）设立的专项建设基金，注入500亿元作为项目资本金；通过增加中央基建投资和鼓励、引导群众自筹资金筹集1000亿元；剩余资金缺口通过向

“两行”申请长期贷款解决。市场化筹资思路的提出，对尽快启动易地扶贫搬迁具有决定性作用，得到党中央、国务院领导同志高度肯定。

（2）出台易地扶贫搬迁贷款和专项建设基金贴息政策。2016年3月，财政部会同国务院扶贫办印发《关于做好易地扶贫搬迁贷款财政贴息工作的通知》（财农〔2016〕5号），明确易地扶贫搬迁贷款贴息政策。中央财政通过专项扶贫资金对符合条件的易地扶贫搬迁贷款，按照4%的利率测算，给予90%的贴息。为引导地方控制贷款规模，中央财政补助的贷款贴息资金实行总额控制，如有结余，各省按规定程序批准后可用于其他扶贫项目。同时，对“两行”发行支持易地扶贫搬迁的专项建设债券，也给予90%的贴息。

（3）配合制定易地扶贫搬迁工作方案和规划。中央层面易地扶贫搬迁准备工作启动后，财政部按照部门职责分工，积极配合发展改革委等部门研究编制“十三五”易地扶贫搬迁工作方案和全国“十三五”易地扶贫搬迁规划，就如何发挥市场化主体在筹资和搬迁实施中的作用、落实筹资和还贷资金来源、合理确定搬迁建房和补助标准等问题提出政策建议，为易地扶贫搬迁项目顺利实施打下制度基础。

2. 及时调整规范融资方式，防范新增政府债务风险

为贯彻落实第五次全国金融工作会议精神，统筹做好防范化解重大风险和易地扶贫搬迁工作，财政部会同发展改革委、国务院扶贫办，通过座谈研讨、反复测算，研究提出将易地扶贫搬迁贷款融资等统一规范调整为发债融资，并报国务院同意。2018年，财政部、发展改革委、扶贫办、人民银行联合发文部署，明确以2017年7月14日为时间节点，将易地扶贫搬迁贷款等融资

方式统一调整规范为发行地方政府债券。通过“开前门、堵后门”，防止地方假借易地扶贫搬迁名义违规举债，有效促进防范易地扶贫搬迁领域隐性债务风险。同时，坚持“渠道调整、标准不变、支持力度不减”的原则，调整规范易地扶贫搬迁融资方式后，中央财政支持力度不减，确保易地扶贫搬迁融资不受影响，且资金调度不出现大的问题。

3. 足额落实财政支持政策，推动搬迁工程顺利完成

中央财政对照中央明确的易地扶贫搬迁政策，逐项抓好落实工作，为推动搬迁工作顺利完成提供了有力支撑。

（1）分年度落实易地扶贫搬迁贷款贴息资金。2016 年起，中央财政通过专项扶贫资金分年度安排易地扶贫搬迁贷款贴息资金。调整规范易地扶贫搬迁融资方式后，按照支持力度不减的原则，对调整发行的地方政府债券，仍按照 4% 的利率测算，给予 90% 的补助。2016—2020 年，中央财政累计安排易地扶贫搬迁贷款贴息和融资补助资金约 456 亿元。

（2）有序安排债务规模支持地方发债筹资。调整规范易地扶贫搬迁融资方式后，2018—2020 年，中央财政累计安排支持易地扶贫搬迁的地方政府债券规模约 2450 亿元，足额保障了各省发债筹资所需债券规模。同时，在年度债券规模安排时，做实做细测算工作，对搬迁资金调度相对困难的省份予以优先保障。

4. 加大易地扶贫搬迁后续扶持力度，推动巩固易地扶贫搬迁成效

搬迁只是手段，脱贫才是目的。在支持易地扶贫搬迁工程建设的同时，中央财政还积极支持搬迁后扶工作。

（1）支持易地扶贫搬迁后续产业发展。“十三五”期间，各

级财政统筹利用专项扶贫资金等涉农资金，通过贫困县涉农资金整合试点政策，支持易地扶贫搬迁后续产业发展，帮助搬迁群众增收脱贫。2020 年，在测算分配补助地方专项扶贫资金时，统筹考虑易地扶贫搬迁后续扶持工作，专门安排 47.83 亿元，支持中西部省份贫困人口较多的集中安置区后续产业发展。

（2）专门安排资金支持安置区配套设施建设。2020 年，中央财政在安排脱贫攻坚补短板综合财力补助资金时，专门安排 79.39 亿元支持易地扶贫搬迁集中安置区配套设施建设、发展产业和带动就业。

（3）配合出台易地扶贫搬迁后续扶持政策。2020 年，财政部与发展改革委等部门联合印发《关于 2020 年进一步强化易地扶贫搬迁后续扶持的若干政策措施》，明确安置区配套基础设施和公共服务设施、产业培育和就业帮扶等政策措施。切实加大对易地扶贫搬迁群众的后续扶持力度，全力推进产业培育、就业帮扶等各项工作。

在各级财政部门的积极支持下，“十三五”期间，22 省累计筹集易地扶贫搬迁资金约 5800 亿元，支持建成易地扶贫搬迁集中安置区约 3.5 万个、安置住房 266 万余套，配套新建和改扩建一批中小学、幼儿园、医院、社区卫生服务中心、养老服务设施和文化活动场所，顺利完成全国约 960 万贫困人口的搬迁脱贫任务。搬迁贫困户人均收入从 2016 年的 4221 元提高到 2019 年的 9313 元，年均增幅 30.2%，帮助他们实现“挪穷窝”“换穷业”“拔穷根”。

（二）云南：支持易地扶贫搬迁的主要做法与成效

“十三五”期间，云南省共完成 99.6 万建档立卡贫困人口易地扶贫搬迁，任务十分艰巨。云南省把易地扶贫搬迁作为重大政治任务和民生工程，截至2020年，云南省多渠道筹集资金675.98亿元，有力地支持了易地扶贫搬迁工作。

1. 建章立制，构建“六位一体”资金政策体系

为确保易地扶贫搬迁资金规范使用，云南省财政厅印发了《云南省易地扶贫搬迁资金来源及拨付方案》等办法，从资金筹措、补助标准、资金拨付、贷款偿还、贷款衔接、资金监管等六方面对整个易地扶贫搬迁资金管理使用流程进行了规范，构建了云南省易地扶贫搬迁“六位一体”的资金政策体系。一是明确资金来源，包括中央基建投资、地方政府债券、国家低成本长期贷款和专项建设基金等。二是明确筹资标准。按照国家人均5.8万元控制标准进行资金配置，支持搬迁群众建房及安置点基础设施建设。三是创新拨付方式。2016年，云南省将地方政府债券资金和专项建设基金以资本金的形式注入省扶贫公司，作为承接国家低成本长期贷款的基础，充分发挥财政资金撬动作用。同时，其他渠道资金到县级后由县级归拢统筹安排使用。四是确定偿还政策。为减轻各地筹资压力，云南省财政主动担当，承担了还款责任的大头。五是推进金融贷款衔接并行使用工作。制定了资金衔接使用方案，督促各地做好易地扶贫搬迁各类资金的精准衔接使用。六是规范资金管理。确定各级资金管理责任，建立信息报送、任务实施和资金使用的公开公示等制度。

2. 落实政策，按照中央标准足额配置资金支持易地扶贫搬迁贫困群众“搬得出”

云南省按照中央人均5.8万元控制标准配置资金576.36亿元，其中，中央基建投资79.9亿元，地方政府债券288.96亿

元，专项建设基金32.5亿元，国家低成本长期贷款175亿元，为易地扶贫搬迁贫困人口建房、安置点基础设施和公共服务设施提供“军需粮草”。云南省共建设集中安置区2832个，建成易地扶贫搬迁安置房24.5万套，并达到入住条件；全省99.6万建档立卡贫困搬迁人口全部搬迁入住。

3. 自加压力，筹集配套基础设施和公共服务设施建设资金支持贫困群众“稳得住”

一是针对新增搬迁任务进城安置带来的建设成本高的问题，云南省筹集资金86亿元专项用于新增易地扶贫搬迁基础设施及公共服务设施建设，其中，土地增减挂节余指标跨省调剂收入67.89亿元，省级预算安排1.33亿元，中央基建投资教育补短板安排7.25亿元，中央预算内投资教育现代化资金安排1.99亿元，中央综合财力补短板资金安排5.06亿元，特殊转移支付安排2.48亿元。二是在86亿元基础上，云南省另筹措11.36亿元支持安置点教育和医疗等配套设施建设，为搬迁群众“稳得住”打下基础。

4. 主动作为，多渠道筹资用于易地扶贫搬迁后续扶持

云南省财政在当前收支矛盾十分突出的情况下，落实财政资金保障的职能职责，继续加大对易地扶贫搬迁后续扶持支持力度。一是对易地扶贫搬迁安置点“以奖代补”。2019—2023年，云南省每年安排5000万元（五年计划投入2.5亿元）对成效突出的安置点予以奖补，主要用于安置点发展农业特色优势产业和建设扶贫车间等，有力支持搬迁群众发展产业实现就业。截至目前，云南省易地扶贫搬迁劳动力转移就业55.79万人，实现有劳动力家庭户均1.95人就业，全省搬迁群众中无“零”就业家庭。

二是实行易地扶贫搬迁贫困群众物管费等减免补贴。云南省财政深入贯彻落实《云南省易地扶贫搬迁“稳得住”工作方案》的相关精神，筹集资金对大型安置点的建档立卡贫困人口的物业管理费、水电费等给予补贴。截至2020年，云南省已下达2019年和2020年减免补贴资金1.26亿元，减轻了搬迁群众生产生活支出负担，进一步促进搬迁群众稳得住。三是继续安排资金支持易地扶贫搬迁后续发展。在发行地方政府一般债券、安排相关民生领域专项转移支付、中央和省级整合财政涉农资金（含财政专项扶贫资金）时，统筹考虑后续扶持工作，将易地扶贫搬迁作为资金分配的重要因素，对有易地扶贫搬迁任务的地区给予倾斜支持。

5. 加强监管，确保资金安全有效

易地扶贫搬迁资金量大，来源渠道多，监管难度大，云南省财政厅充分发挥财政监督职能，抓好资金监管。一是抓好日常监管。定期收集各地资金使用情况，分析资金使用存在的问题，有针对性地开展调研、督查，对问题进行梳理分析核实，督促各地及时解决。二是开展易地扶贫搬迁结余资金专项清理。2020年，云南省财政会同省级相关部门和单位，并聘请会计师事务所，对全省121个有易地扶贫搬迁任务的县，全覆盖开展易地扶贫搬迁闲置资金清理，全方面进行检查。三是督促各地抓好问题整改。云南省针对调研、检查发现的问题，结合审计等各类检查发现问题，举一反三，督促各地制定问题清单、整改举措、整改时限等，及时完成整改。

四、生态扶贫

(一) 生态扶贫综述

实施生态扶贫、实现绿色惠民，是以习近平同志为核心的党中央打赢脱贫攻坚战的重要举措。习近平总书记在2020年3月6日北京召开的决战决胜脱贫攻坚座谈会上对退耕还林助力脱贫攻坚的作用给予了高度评价，指出："通过生态扶贫、易地扶贫搬迁、退耕还林还草等，贫困地区生态环境明显改善，贫困户就业增收渠道明显增多，基本公共服务日益完善。"脱贫攻坚期间，财政部会同国家林草局认真贯彻落实习近平总书记重要指示批示精神，积极研究出台政策，切实加大投入力度，支持22个中西部省份在建档立卡贫困户中选聘生态护林员，推进退耕还林还草，加强集体和个人所属森林资源管护，为实现脱贫攻坚和生态保护修复"双赢"提供了有力支撑。同时，生态环保领域的农村环境整治资金和部分林业草原转移支付资金纳入贫困县统筹整合使用资金范围，地方可按规定统筹支持脱贫攻坚。

1. 生态护林员政策

生态护林员政策是为推进生态扶贫工作专门制定的政策，被聘用的建档立卡贫困人口当年即可实现山上就业、家门口脱贫。从2016年起，在中西部22个省份建档立卡贫困人口中选聘生态护林员，受聘参加森林、草原、湿地、沙化土地等资源管护服务。据国家林草局统计，截至目前，累计选聘超过110万建档立卡贫困人口担任生态护林员，精准带动300余万贫困人口脱贫和增收，既保护了绿水青山，又得到了金山银山。

2. 退耕还林还草政策

退耕还林还草工程大多在老少边穷地区实施，工程的扶贫作用日益凸显，成为精准扶贫的有力推手。新一轮退耕还林还草开展以来，财政部会同有关部门贯彻落实《中共中央国务院关于打赢脱贫攻坚战的决定》和《中共中央国务院关于打赢脱贫攻坚战三年行动的指导意见》，进一步扩大贫困地区退耕还林还草规模，资金分配随任务重点向贫困地区倾斜。2014—2020年，中央财政累计支持退耕还林还草7450万亩，有力减少了水土流失，加快生态保护修复步伐，农民收入也更加稳定多样。

3. 森林资源管护政策

为全面加强森林生态系统的保护修复，深入推进天然林资源保护，落实全面停止天然林商业性采伐要求，实施森林生态效益补偿，中央财政安排森林资源管护支出，对天然林和国家级公益林安排管护补助，资金安排上进一步向深度贫困地区及贫困人口倾斜。从2019年起，中央财政将集体和个人森林资源管护补助标准由每年每亩15元提高到16元，要求地方优先将贫困地区集体和个人所属的天然商品林纳入停伐管护补助范围，2020年新增管护任务向“三区三州”所在省份倾斜，有效增加了贫困户劳务收入。

4. 农村环境整治政策

根据《国务院办公厅关于支持贫困县开展统筹整合使用财政

涉农资金试点的意见》（国办发〔2016〕22 号），农村环境整治资金纳入贫困县统筹整合使用范围，地方可统筹用于扶贫工作。2016—2020 年，中央财政累计安排农村环境整治资金 258 亿元，资金切块下达到地方，由各地统筹安排用于支持开展农村生活污水、垃圾治理，村庄分散畜禽养殖污染防治，饮用水源环境保护等工作，持续推进改善农村人居环境。对安排到贫困县的农村环境整治资金，有关地方可统筹用于贫困县的脱贫攻坚，进一步增强贫困县的贫困保障能力，支持打赢脱贫攻坚战。

（二）湖北：积极探索生态扶贫新模式　实现“生态美”与“百姓富”

湖北省财政厅坚持“绿水青山就是金山银山”的发展理念，把节约优先、保护优先、自然恢复作为基本方针，把绿色发展、循环发展、低碳发展作为基本途径，积极探索有利于贫困地区、扶贫对象的生态环境保护补偿机制和资源开发收益分配机制，通过实施生态保护恢复、生态效益补偿、生态产业发展，为贫困劳动力提供就业与创业机会，提高其经济收益，实现“生态美”与“百姓富”双赢。在生态扶贫上不断加大财政支持，2016 年以来，湖北省财政厅统筹生态文明建设资金 149.4 亿元，其中安排 37 个贫困县 103.51 亿元，用于支持生态扶贫，有力推进了脱贫攻坚任务的完成和贫困地区经济社会发展。其中，中央农村环境整治资金 12.48 亿元，中央林业草原生态保护恢复资金 36.4 亿元，中央林业改革发展资金 83.42 亿元，生态护林员补助资金 8.7 亿元，省级公益林补偿资金 8.4 亿元。

1. 重点倾斜扶贫

健全森林生态效益补助标准动态调整机制，湖北省省级公益林补偿标准由2018年以前的10元/亩提高到15元/亩，安排省级公益林补偿资金8.4亿元，落实贫困地区3688万亩公益林。全省已脱贫户中享受生态补偿的有13.56万户，占全省脱贫户的34.76%。如神农架林区足额落实生态惠民政策，出台国有山场“插花户”公益林补偿政策，实现公益林补偿均等化，稳步提高补偿标准，每年兑付生态公益林补偿资金480余万元；完善集体林权制度改革，推进政策性森林保险，为全区433.7万亩山林投保，实现应保尽保，降低林农风险；巩固退耕还林建设成果，完善退耕还林政策，组织实施新一轮退耕还林工程1.56万亩，2014年以来累计完成政策兑现6112万元。

2. 公益性岗位扶贫

2016年以来，统筹中央资金和省财政专项资金8.7亿元，累计选聘建档立卡贫困人口生态护林员21.74万人次，每人每年补助4000元，通过“一卡通”直接发放，帮助6.68万户实现脱贫目标。如神农架林区精准落地生态护林员政策，实施生态护林员政策提标扩面，在省下达的730人、4000元/人·年的基础上在全区扶贫户中选聘1500名生态护林员，将标准提高到4800元/人·年。

3. 实施工程扶贫

在安排精准灭荒、退耕还林等重大林业工程时，优先安排集中连片贫困地区，吸纳贫困人员参与林业重点工程建设，促进贫困人口劳务收入。2016年以来，统筹精准灭荒资金10.28亿元，争取中央退耕还林补助资金29亿元，用于实施精准灭荒和退耕还林等工程，通过发展花椒、茶叶、油茶、核桃等高效经济林，助力贫困地区人均收入大幅增加。如咸宁市崇阳县，着力补齐生态扶贫短板，林业重点生态工程从2018—2020年精准灭荒17.66万亩，实际完成17.87万亩，完成率101.2%，在全省进行典型经验交流发言。神农架林区大力实施生态惠民工程。稳步实施天保工程二期等国家级重点生态工程，深入推进绿满荆楚行动，组织实施"见缝插绿、产业扶绿、通道增绿、退耕还绿、间伐改绿"五大工程，培育森林资源，夯实绿色经济发展基础，转变林区的经济发展方式。全区4个乡镇荣获省级绿色示范乡镇，16个村荣获省级绿色示范村，累计建成10万亩板栗基地、5万亩核桃基地、2万亩梭椤树基地、1万亩茶叶基地。

4. 发展生态产业扶贫

省级财政安排林业生态文明建设资金1.2亿元，用于林业产业和林下经济发展，支持林下经济示范建设和扶持贫困地区林业龙头企业发展。全省共建国家级林下经济示范基地24个，林下经济经营和利用面积2308.2万亩，惠及近300万贫困人口。全省林业产业实现总产值预计达到3800亿元，其中37个贫困县市实现林业产值有望突破1400亿元，极大促进贫困人口就地就近就业。如神农架林区党委政府在生态惠民、生态扶贫上下功夫、做文章，发展林下产业助推精准扶贫。大力开展中蜂产业扶贫，累计建成保种场6个、部级示范蜂场1个，区级示范蜂场19个，全区中蜂蜂群规模达到4万群，蜂蜜产量达到300吨，年产值达4200万元。推广道地中药材种植，在全区建设中药材示范基地2000余亩，年药材产量超过800吨，带动全区900余户农户年增收200多万元。做精做细乡村旅游，依托持续升温的森林旅游，在农户房前屋后种植樱桃、核桃、银杏等果木林、经济林，套种杜仲、猪苓、天麻等本土药材，在旅游公路沿线打造“出门就见绿，伸手就摘果”的生态农庄、家庭林场、“林家乐”，发展庭院观光业。

湖北省在抓好生态扶贫政策落实的同时，积极加强和规范生态扶贫资金管理，履行资金管理监督职责，将生态扶贫资金纳入省扶贫资金监督检查工作范围，并通过扶贫资金监控系统实时监控生态扶贫资金，动态监控生态扶贫资金的预算分配下达进度、资金支付落实、预警信息处理、项目资金绩效目标执行等情况。及时发现问题、纠正偏差、反映情况，做好疑点核实、违规处理、情况反馈等常态化工作，对问题突出管理不到位的市县及时提醒、督办，加强对绩效评价结果的反馈和运用。

（三）广西：助推脱贫攻坚　强化生态保护

1. 支持推进国土绿化扶贫

（1）切实做好森林生态效益补偿工作。2016—2020 年自治区财政筹措下达贫困县森林生态效益补偿资金 41.30 亿元，支持开展国家级和自治区级公益林补偿工作。同时，逐步提高森林生态效益补偿标准，提高包括贫困人口在内的参与公益林管护的林农所获得的经济回报，其中，2017 年权属国有的国家级和自治区级公益林补偿标准由 2013 年的 5 元/亩・年逐年提高到 10 元/亩・年。2019 年权属集体和个人国家级和自治区级公益林补偿标准由 15/亩・年提高到 16/亩・年，2020 年土山补助标准提高到 27 元/亩・年，石山提高到 22 元/亩・年。

（2）支持深入实施大规模国土绿化。2016—2020 年，自治区财政筹措下达补助资金总计约 44 亿元支持全区深入实施新一轮退耕还林、造林绿化、森林抚育、防护林工程、石漠化综合治理等林业重点生态工程。资金下达向贫困地区倾斜，支持贫困户参与各项林业重点生态工程建设，在推动提升森林覆盖率、有效保护生态环境的同时，促进贫困户增收。据统计，2016 年以来，54 个贫困县共植树造林 860 万亩、森林抚育 1550 万亩，其中防护林人工造林 48 万亩。到 2020 年，54 个贫困县森林覆盖率达 73.01%，较 2015 年底提高 3.8 个百分点。

2. 大力支持发展林业生态产业

（1）大力实施油茶“双千”计划。印发《关于实施油茶“双千”计划助推乡村产业振兴的意见》等政策文件，推进油茶“双千”计划稳步实施。2019—2020 年，自治区财政筹措下达贫困县油茶产业发展补助资金总计 4.82 亿元，支持贫困县新造油茶林和油茶低产低效林改造，支持创建油茶高产高效示范园、示范点，组建油茶专业合作社，支持贫困户参与油茶新造和低改，带动贫困户增收。据统计，2016 年以来，全区 54 个贫困县新造油茶林 145 万亩，实施油茶低产林改造 113 万亩，目前贫困县油茶种植总面积已达 717 万亩，占全区油茶总面积的 87%。

（2）支持加快发展林下经济。2016—2020 年，自治区财政筹措下达贫困县林下经济补助资金超 1 亿元，支持贫困县深入开展林下经济示范基地提升行动，支持在贫困地区打造一批以森林食材、道地药材为主的林下经济示范基地，鼓励贫困户参与林下经济，示范带动贫困户增收脱贫。据统计，2016 年以来，54 个贫困县建设林下经济示范基地 111 个。

3. 切实加强生态护林员选聘续聘

2016—2020 年，自治区财政筹措下达生态护林员补助资金总计 15.52 亿元，支持在重点生态功能区转移支付补助县、滇桂黔石漠化片区县和国家扶贫开发工作重点县开展生态护林员选聘续聘工作，在促进资源管护的同时，带动和巩固建档立卡贫困人口实现“家门口脱贫”。据统计，2016 年以来，67 个项目县在聘生态护林员达 6.3 万人，带动和巩固 23 万名以上建档立卡贫困人口实现“家门口脱贫”，户均实现年增收 8000 元。

（四）西藏：立足财政实际　让贫困群众吃上“生态饭”

西藏是全国唯一的省级集中连片贫困地区，是重要的生态安全屏障，是“亚洲水塔”，是亚洲乃至北半球气候变化的“感应器”和“调节区”，是珍稀野生动物的天然栖息地和高原物种基因库，对全球气候具有重要影响，禁止和限制开发区约占全区国土面积的 70%。但西藏生态环境脆弱敏感，生态管护任务十分艰巨。西藏依托生态保护工程，结合脱贫攻坚任务需要，走出了一条具有西藏特点的生态脱贫路子，使全区 60 余万贫困群众吃上了“生态饭”。

1. 政策背景

2016 年全国脱贫攻坚战打响，自治区根据中央要求，制定印发了《中共西藏自治区委员会　西藏自治区人民政府贯彻落实〈中共中央国务院关于打赢脱贫攻坚战的决定〉的实施意见》（藏党发〔2016〕11 号），提出“生态补偿脱贫一批，充分调动贫困人口参与植树造林、防沙治沙、土地绿化、苗圃建设的积极性，优先吸纳有劳动能力的贫困人口就地转成护林员、公益林专业管护员、自然保护区管护员、环境保护监督员、草原（场）监督员、保洁员等增加贫困群众现金收入”的工作措施，为全区实施生态补偿脱贫政策提供政策支撑，也为全区生态补偿脱贫工作指明的方向。

2. 主要做法

（1）制定生态补偿脱贫政策。会同行业主管部门印发了《西藏自治区“十三五”时期生态补偿脱贫实施方案》（藏政办发〔2018〕60号）、《西藏自治区脱贫攻坚指挥部生态补偿脱贫组关于印发进一步规范生态补偿脱贫岗位管理工作的通知》（藏财农〔2019〕36号）、《西藏自治区脱贫攻坚指挥部关于印发进一步规范生态补偿脱贫岗位管理工作的补充通知》（藏脱指〔2019〕29号）等系列生态补偿脱贫政策，从岗位对象认定、补助资金发放、岗位日常管理等方面明确了具体的工作要求，指导地市、县区开展工作，确保政策“落地生根”。

（2）有序落实脱贫攻坚生态保护岗位。生态补偿脱贫政策，主要是通过结合现行的草原生态保护补助奖励机制、森林生态效益补偿机制、天然林保护工程、水生态治理等重大生态保护工程，通过统筹中央对民族地区、重点生态功能区、边境地区转移支付等资金，为有劳动能力、有意愿的建档立卡贫困人口、农村低保人口、农村低收入人口（边缘人口），提供林业系统生态保护、草原监督员、水生态保护和村级水管员、农村公路养护、城镇环境保护保洁员和村级环境监督员、厕所保洁员岗位、地质灾害群防群测员等生态保护岗位，从而让贫困群众通过参与生态保护年人均增收3500元，最终实现生态环境有效得到保护的同时，贫困群众稳定增收的“双赢”目标。

2016—2020 年，安排全区生态保护岗位计划分别为 50 万个、62 万个、66.66 万个、65.5 万个和 65 万个。各地市、县区按照自治区岗位管理相关规定，结合本地脱贫攻坚实际需要精准识别对接岗位，2016—2020 年，实际安排岗位和落实补助资金分别为 49.52 万个和 14.86 亿元、61 万个和 18.3 亿元、60.25 万个和 21.09 亿元、50.23 万个和 17.58 亿元、48.04 万个和 16.81 亿元。

（3）加强政策宣传和工作指导。组织开展年度政策培训，讲解生态补偿脱贫政策。赴各地市、县区开展调研，宣传政策的同时，了解和掌握基层在政策执行过程中存在的困难和问题，逐步完善工作机制。全面推进资金预算绩效管理制度，落实岗位补助资金“花钱必问效，无效必问责”的管理机制，推动资金管理从“重投入”向“重结果”转变，提升财政管理效能。严格落实公告公示制度，将岗位人员信息、补助资金兑现情况等，按时按要求在乡（镇）、村（居）等公示栏上公开。及时将全区安排的生态保护岗位和资金情况在“西藏财政惠农”微信公众号和自治区政府门户网站上予以公开，加强政策宣传，并鼓励和引导社会各界参与监督。

3. 取得的成效

目前，生态补偿脱贫政策已成为全区脱贫成效最为显著、贫困群众增收最快、最稳定，取得的成果“摸得着、看得见”的脱贫措施。

（1）以生态保护为抓手，促精准脱贫。西藏有长期发展潜力的产业较少，市场发育程度低，产业发展相对缓慢，对贫困地区、贫困人口的辐射带动能力较弱，且产业培育时间长，不能及时有效解决贫困农牧民眼前的困难和问题。加之西藏农牧民与自然环境之间有着紧密的情感，依托西藏生态保护工程，让贫困人口参与生态保护建设的脱贫举措恰恰符合西藏各族人民热爱大自然的发展理念。同时，有效弥补了扶贫产业成长时间长、发挥效益慢，不能及时促进农牧民增收这一“短板”。实施生态补偿脱贫政策，将岗位一一对接落实到贫困人口，使之通过参与生态保护，及时、稳定实现年均增收3500元，提高收入水平。

（2）以改善民生为始点，促社会稳定。改善民生是一切工作的出发点和落脚点，是全面建成小康社会的关键点，是实现“增长为本”向“民生为本”转变的重要措施。在西藏特殊的社会发展背景下，消除贫困，改善民生不仅仅关系到人民疾苦能否消除，更关系着西藏经济社会的稳定发展。通过让贫困人口参与西藏生态保护建设，让农牧民“有事做、有钱赚”，转变以往“等靠要”思想，避免劳动力闲置而造成的其他社会问题出现。生态补偿脱贫政策，让农牧民群众切切实实感受到党和国家对西藏的特殊关怀，进一步增强各族群众爱党、爱国、爱社会主义的自觉性。同时，生态补偿脱贫政策的实施，有劳动能力的建档立卡贫困人口和低收入人口成为西藏生态保护和建设的主力军，增加收入的同时，自然环境和人居环境得到了明显的改善。草场退化的趋势得到进一步遏制，森林资源得到恢复，生物多样性得到有效维护，乱砍滥伐等各种破坏森林资源现象明显减少，水生态和湿地生态等进一步得到改善。

五、资产收益扶贫

（一）资产收益扶贫综述

党的十八届三中全会提出，要赋予农民更多财产权利。一些地方积极探索盘活农村资源要素、提高财政资金使用精准度、提高贫困人口受益水平的有效途径。财政部对各地实践探索高度重视，支持各地通过现有资金渠道安排一部分引导性资金，积极开展先行先试。同时，多次赴地方开展调查研究，深入总结提炼各地探索资产收益扶贫的做法和成效，撰写调研报告报国务院领导，建议在具备产业发展条件的地方逐步推广资产收益扶贫模式，得到了国务院领导的充分肯定。随后，有关建议被 2015 年 11 月印发的《中共中央国务院关于打赢脱贫攻坚战的决定》（以下简称《决定》）采纳，成为一项重要的脱贫攻坚政策举措。

为贯彻落实《决定》精神，指导各地有序推进资产收益扶贫，进一步增强贫困群众获得感，财政部在持续跟踪指导和深入调研的基础上，2017 年会同农业农村部、国务院扶贫办印发了《财政部　农业部　国务院扶贫办关于做好财政支农资金支持资产收益扶贫工作的通知》（财农〔2017〕52 号），从制度层面对资产收益扶贫工作作出规定，并认真推动文件落实，推动资产收益扶贫工作取得积极成效。

1. 资产收益扶贫主要政策举措

资产收益扶贫是指支持各地将财政支持产业发展等方面的涉农投入所形成的资产，折股量化给贫困村、贫困户，探索资产收益扶贫模式，是产业扶贫的形式之一。财政部坚守产业发展的初心，聚焦产业发展这个持续脱贫增收的中心，围绕脱贫目标，强化顶层设计，严格防控风险，提出了一系列针对性强的政策举措。

（1）坚持产业为本，注重发展实效。在财政部等有关部门的指导下，各地立足本地优势特色产业，围绕对贫困群众辐射带动强的产业，精心设计实施资产收益扶贫项目。统筹考虑产业基础、区域布局、一二三产业融合、市场环境、群众意愿等因素，选择具有良好发展预期的产业项目，重点支持贫困地区优势特色种养业、农副产品加工业、农业生产社会化服务、乡村旅游等产业项目，紧紧依托产业推进资产收益扶贫。

（2）坚持贫困户优先，体现减贫效果。资产收益扶贫的首要目标是帮助贫困群众脱贫，各地因地制宜，制定差异化的扶持政策，优先保障贫困户利益。一是用于资产收益扶贫的财政投入所形成的资产，收益权优先分配给贫困村和贫困户，并向丧失劳动力或弱劳动力的贫困户倾斜。二是项目实施主体担负资产的保值增值责任，不少地方推广“保底收益＋按股分红”等模式。项目取得可分配收益的，优先兑付贫困村和贫困户；除不可抗力因素外，当项目面临较大的经营困难或出现持续亏损，难以保障贫困户收益时，实施主体利用自有资金购买贫困户、农户和村集体的收益权或股份。三是项目实施主体解散或破产清算时，在按照有关法律规定清偿债务后，优先保障贫困村和贫困群众的权益。

（3）坚持风险防控，保障资金安全。为切实加强资产收益扶贫项目风险管控，特别是防止发生系统性风险，财政部指导各地重点抓好如下几方面的工作：一是找好“合伙人”和“经理人”，从源头控制风险。选择治理结构完善、财务管理健全、经营状况良好、经济实力较强、乐于扶贫助困且诚信守约的企业、村集体经济组织、农民合作社等新型农业经营主体，作为资产收益扶贫的实施主体。二是注重形成物化资产，警惕高风险运营模式。用于资产收益扶贫的财政资金，鼓励优先用于固定资产投资、购买生产资料等，形成可核查的物化资产。要求各地对于利用财政资金开展贴息、担保、风险补偿等，“放大”后再用于资产收益扶贫，要审慎研究可能带来的风险，制定风险防范措施和应急预案。三是强化风险意识，加强风控措施。督促各地及时发现和纠正工作中出现的苗头性、趋向性问题，杜绝出现区域性、系统性风险。鼓励实施主体购买保险，分散和降低经营风险，增强履约偿付能力。

2. 推进资产收益扶贫工作的主要做法

财政部积极发挥牵头部门职责，会同相关行业部门，积极推进资产收益扶贫有关工作，主要做法如下：

（1）深入开展调研和跟踪指导。财政部每年组织调研组赴多地开展调研，多次召开座谈会，详细了解各地资产收益扶贫工作进展情况，持续跟踪政策落实中出现的新情况新问题，加强政策解读。2017 年 11 月，时任国务院副总理汪洋同志在财政部上报的资产收益扶贫专题材料上批示，“鼓励探索，注意规范，逐步完善，走出路子”。财政部贯彻落实汪洋同志批示精神，布置各地认真总结资产收益扶贫经验，组织相互交流学习。通过上述努力，资产收益扶贫工作得以顺利推进，各地财政扶贫干部对政策的理解更加深入，项目实施更加规范有序，风险防控和贫困群众利益保障得以加强，对推进精准脱贫发挥了积极的作用。

（2）充分发挥典型示范带动作用。在鼓励引导地方试点的基础上，财政部会同有关部门及时研判政策落实情况，积极做好规范推广工作。梳理不同地区典型做法，先后印发了两期财政支农资金支持资产收益扶贫案例，通过示范带动的形式推动各地资产收益扶贫规范有序开展。在梳理各地典型做法的基础上，财政部根据项目利益联结机制和利益分配方式的不同，将各地的资产收益扶贫模式总结概括为三大类型：

一是入股分红模式。将财政资金、农户股金及有关资产入股实施主体经营的项目，按照项目当年利润的一定比例计算给村集体或贫困户的分红，具体比例根据村集体或农户占股比例确定，个别项目由民主协商确定。

二是资产租赁模式。将财政投入资金和农户股金，先投资建设形成经营性资产，再协议租赁给特定实施主体，或者将土地等资产、特色资源流转租赁给实施主体，由实施主体按约支付租金，村集体和农户不承担经营风险。

三是利息分红模式。根据村集体或贫困户投入的资金额度，或土地、林地、房屋等资产价值，以固定利率计算年度收益，分配给村集体或贫困户，部分项目中进一步明确村集体投入的资金只享有债权，不占股权。应该说，通过梳理典型案例、总结提炼不同模式，对于引导带动各地规范开展资产收益扶贫发挥了积极作用。

（3）强化资产收益扶贫项目监督管理。落实财农〔2017〕52号文件要求，督促指导地方加强资产收益扶贫工作部署，特别是抓好资产收益扶贫项目的组织实施，加强贫困群众利益保障和风险防控。要求各级财政、扶贫等部门要切实加强资金监管，开展经常性监督检查，具备条件的地方可利用第三方力量开展评估检查，及时发现问题，抓好整改落实。督促落实公开公示制度，确保群众的监督权、知情权，自觉接受社会监督。充分发挥贫困村第一书记、驻村工作队、村委会等在监督中的积极作用。同时，将资产收益扶贫工作成效纳入中央财政专项扶贫资金绩效评价，建立正向激励机制。及时纠正简单入股分红、明股实债、扶贫小额信贷“户贷企用”等各类借资产收益扶贫名义的违规行为。

3. 主要成效与经验

在财政部和相关部门的共同指导推动下，各地深入推进资产收益扶贫工作，探索出了产业扶贫的有效形式，帮助贫困群众有效增收脱贫，同时为完善乡村产业振兴的利益联结机制、实现稳定带贫减贫积累了经验，探索了新的减贫模式。

（1）创新了财政涉农资金供给和使用机制，资金使用效益不断提升。通过实施资产收益扶贫，财政涉农资金由无偿补助变成有偿投入，主要受益对象从特定范围扩大到更多群众，少了“锦上添花”，多了“阳光普照”。同时，企业、农民专业合作社等与村集体、农户民主协商，自愿成为资产收益扶贫项目实施主体，通过协议形式明确各方的权、责、利，有助于吸引具备较强经营能力的实施主体参与当地产业发展，提高了财政涉农资金使用效益。

（2）密切了当地群众与产业发展的利益联结机制，产业发展的辐射带动作用不断强化。除直接分享红利外，当地群众还可通过土地流转形式获得地租，有劳动能力的可就近通过产业项目务工获得劳务收入，无劳动能力或弱劳动能力的贫困人口可优先分享财政支持产业发展带来的红利，对深度贫困人口的精准帮扶措施更加丰富，强化了脱贫攻坚的薄弱环节。贫困地区产业发展为当地经济发展注入活力，创造就业机会，辐射带动当地群众增收致富。

（3）拓宽了贫困村集体收入来源，贫困村集体经济不断壮大。贫困村集体经济发展普遍比较薄弱，各地在推进资产收益扶贫时，以村集体经济组织、合作社为纽带，将部分资产收益权配置给村集体，既降低了资产收益扶贫项目实施中的沟通成本，又拓宽了贫困村集体收入来源，扶持壮大了贫困村集体经济。

（二）河北承德：创新机制　提升效益

河北省平泉市食用菌产业历经三十余年的持续打造，已经成为当地最具优势特色、产业链条最完整、辐射带动能力最强、农民从中受益最多、国内外影响最大的农业支柱产业，辐射带动6个省区、20余个市县，产业综合实力位居全国县级第一。目前，平泉市食用菌基地面积达6.5万亩、产量60万吨、全产业链产值80亿元（占平泉农业总产值的76%），带动全市3.5万农户、12万余人就业创业，占区域内农业劳动力的48.8%（区域内劳动力数量24.6万）。已累计建设20亩以上标准化食用菌园区1500多个，总面积达5.5万亩，食用菌产业年提供农民人均可支配收入达4800元、占比达46%。通过该产业直接吸纳并带动贫困户4726户1.05万人入驻园区（通过食用菌产业带动建档立卡贫困人口脱贫覆盖率38.2%），户均年增收2万元以上。

1. 平东食用菌专业合作社资产收益扶贫项目基本情况

河北省平泉市平东食用菌专业合作社成立于2012年，位于平泉市平北镇马泉子村，是一家以食用菌种植为主的合作社，先后获“国家级示范社”“省级扶贫龙头企业”等称号。合作社食用菌园区占地 510 亩，建有出菇棚 535 栋、冷库 800 平方米、烘干车间 900 平方米、空气能电烘干机 10 台、有日产 10 万棒的自动化菌棒厂 1 处。合作社在自身发展壮大的同时，不忘社会责任，积极投入到当地脱贫攻坚工作。2019 年，平泉市政府投资 600 万元，新建设了 36 栋双拱出菇棚，与该合作社合作，采用资产收益扶贫方式进行扶贫，破解了贫困农户脱贫“无资金、缺技术、没销路”的制约瓶颈，带动贫困农户走上可持续的脱贫致富路。

2. 实施资产收益扶贫，确保扶贫资金保值增值

（1）结合实际选定项目。平泉市自 2019 年起逐步加大资产收益扶贫项目推进力度，该市总结多年推进产业扶贫的成熟经验，依托食用菌产业久负盛名、特色突出、带动力强等优势，盘活各项扶贫资金，发挥园区和龙头企业的带动作用。充分发挥贫困村和农户的智慧，尽量安排惠及面更广、群众易于接受、见效快、风险小的项目，确保扶贫资金投入形成的经营性资产能够保值、增值。河北省平泉市平北镇马泉子村具有多年食用菌种植传统，贫困群众掌握一定生产技术，对发展食用菌产业高度认可，产品有稳定的销售市场，2019 年在该村实施食用菌资产收益扶贫项目，投入整合财政涉农资金 600 万元，通过招投标程序确定施工企业，建设高标准双拱出菇棚 36 栋，当年栽培成品食用菌菌棒 100.8 万棒。

（2）综合评估遴选企业。为确保项目落地有实效，资金投入少风险，在确定合作企业过程中，平泉市按照项目所在村遴选、乡镇审核、市扶贫开发领导小组研究同意的程序，确定由具有一定实力及社会责任感，多年来积极参与扶贫产业发展、带动贫困户增收的“省级扶贫龙头企业”——平泉市平东食用菌专业合作

社作为企业合作方，明确产权归村集体经济组织，收益归贫困户，企业自主经营。在各方认可的基础上，由平泉市农业农村局、平泉市惠农服务公司（国企）、平东食用菌专业合作社签订了三方委托代管协议，明确了各方权利和义务，确保项目顺利运行。

（3）明确权属强化管理。河北省平泉市明确了项目资金形成资产权属，做到“三权”明晰，即产权归项目所在地马泉子村村集体，暂由平泉市惠农服务公司进行收益代管，对项目实施、收益缴纳进行监管；使用经营权归平东食用菌专业合作社，由其独立自主经营管理，自负盈亏；收益权归贫困村、贫困户，由村集体进行二次分配，用于支持贫困户发展产业、安排公益岗位、劳务奖补、发展村内小型公益事业等支出。

（4）健全机制保证收益。平泉市按照三方协议要求，每年由惠农公司向平东合作社提取财政投资（5+1)%的收益。该项目目前已提取收益36万元，使贫困村直接增加集体收入14.4万元，重点用于雇用有劳动能力的贫困户保洁员、集体公益支出等；贫困户分红达21.6万元，重点分配给无劳动能力和半劳动能力的贫困户，从而实现了政府、企业、贫困户、产业多方共赢的局面，探索了一条高质量脱贫、脱贫不返贫新路。

3. 健全利益联结机制，确保贫困群众广泛受益

河北省平泉市进一步拓展“三零”精准产业扶贫模式，健全政府、企业、农户“三位一体”合作模式，发挥资产收益扶贫项目多元带动作用，实现“一地生四金”，帮助贫困户多渠道增收。

（1）“一户一棚”生产经营“得现金”。由村集体统一流转土地，通过实施资产收益扶贫项目，统一建设基础设施，实现道路、水利、电力等配套设施共享，集中连片建设设施棚，实行集

约经营、分户生产，减少一家一户建棚投入。该项目针对“具备劳动能力并有一定业务接受能力”的贫困农户，合作社推行了领养领种方式帮助贫困户发展产业。这种模式产前投资、产中技术、产后销售等资金密集型环节和技术密集型环节由政府和企业承担，日常生产管理、采收精选等劳力密集型环节由贫困农户承担，“资金、技术、劳力”三者实现了最佳配置，企业效益和农户效益实现了同步提升，补齐了农产品生产规模，扩大边际效应下降的短板。在具体运行过程中，合作社将资产收益项目建设的36个菌棚无偿提供给贫困户种植使用，并无偿配套提供水、电、冷库、宿舍等生产生活物资，按照3.4元/袋（成本价每棒3元）的价格赊销给每个贫困农户2.8万袋香菇成品菌棒，合作社负责技术指导、园区管理，按照市场价格回收产品。并为贫困户提供每棒1元的保底收入，即：当每棒销售到4.4元时，是合作社的本金；达不到4.4元/棒时，合作社给予补齐；超出4.4元/棒时合作社和贫困户按超出部分1:1进行利润再分配。贫困农户只需按照合作社技术要求和质量标准，全身心投入生产管理，一旦发生亏损，每个贫困户每棒可获得1元的收入，即3万元，其余风险全部由合作社承担，高度保障了贫困户利益不受损失。2020年园区共入住贫困户36户，按目前市场行情测算（每棒已销售出6.5元），预计今年每棒可获销售收入7元，具体收入分配情况为：

①每个贫困户年收入（7－4.4）×2.8万×50%＋3万＝6.64万元；②企业所获收益（7－4.4）×100.8万×50%＋0.4×100.8万－36万（提交收益）＝135.36万元（包含水电、冷库、产品销售等运行费）；③惠农公司提取收益600万×6%＝36万元，全部用于扶贫事业。

（2）就近务工“挣薪金”。针对“具备一定劳动能力、生产经营能力差”的贫困农户，根据性别、年龄、健康、能力和家庭等状况，按照月工资2700元标准，提供保洁、保安、分选、剪菇、注水等简单劳动工作岗位，让更多年老体弱的贫困农民通过简单的劳动也能获得稳定的收入，一般年收入可达2万—3万元。通过这种方式，园区尽可能地将部分工作岗位优先提供给这一群体，让他们参与产业发展，杜绝养懒汉，让他们通过劳动，有尊严地实现脱贫致富。2020年合作社雇用贫困家庭劳动力28名，目前人均收入已达2万余元。

（3）明晰权属“分股金”。针对“无劳动能力、无产业项目、无稳定收入”的贫困户，明确收益权，直接给予股份分红，分红额度综合考虑贫困程度、家庭状况等因素，按照每户每年500—3000元的标准，实行差异化分配。同时，对贫困户享有的收益权定期进行动态调整，调整出的收益权安排扶持其他贫困户。

（4）土地流转“获租金”。按照每亩900元的租赁标准，项目共统一流转、租赁土地102亩，涉及全村26户农户，其中贫困户6户。流转土地解放出来的劳动力，通过发展特色产业、务工就业、公益岗位等获得稳定收入。

河北省平泉市以平东食用菌专业合作社资产收益扶贫模式为样板，新建资产收益扶贫项目95个，带动1325户贫困农户直接参与产业发展，同时带动2000余人进入园区务工，为当地贫困群众稳定、健康、可持续脱贫发挥了重要作用。

（三）安徽：产业为本　扎实推进

2016年以来，认真贯彻落实国家和省委、省政府部署要求，安徽省财政厅会同省扶贫办等有关部门坚持产业为本，完善制度办法，扎实推进资产收益扶贫，取得显著成效。截至2020年底，全省累计投入财政资金97亿元，五年累计实现贫困村集体增收6.8亿元、贫困人口增收21.4亿元，资金年收益率约6%。

1. 建立健全制度

为深入推进资产收益扶贫，安徽省建立健全一系列制度办法。2016年，出台了《关于开展资产收益扶贫的指导意见》，开展资产收益扶贫试点。2017年，印发了《关于做好财政支农资金支持资产收益扶贫工作的通知》，深入推进资产收益扶贫。2018年，省政府将资产收益扶贫列入民生工程予以重点推进，加大推进力度，完善利益联结机制，推动资产收益扶贫提质增效。

2. 选准优势产业

产业对路是开展资产收益扶贫的根本，立足本地资源优势，选择对贫困群众带动作用明显、可持续性较好、抵御市场风险能力强的产业项目。对于产业基础相对薄弱的贫困地区，着力在产业提升、产销对接、龙头带动、技术服务等方面下功夫，逐步夯实脱贫的产业基础，稳妥开展资产收益扶贫，防止“为投而投”“一投了之”。

3. 强化利益联结

坚持收益分配向老弱病残等特殊贫困群体倾斜，避免平均主义。鼓励优先吸纳有劳动能力的贫困群众参与项目生产经营，带动就近就业，防止政策“养懒汉”。科学设置评价指标，引导市县在增强项目质量和带贫减贫成效上下功夫，着力提高资金使用效益。

4. 典型示范引导

梳理总结 32 个资产收益扶贫典型案例并印发市县，指导地方科学选择适合本地的资产收益扶贫模式，做到因地制宜、因村施策。通过会议培训、工作群交流、印发成功案例等多种方式，宣传推广各地的经验和做法。

5. 坚持规范推进

指导市县因地制宜，选择可持续的产业项目，合理把握试点、示范、推广节奏，不片面追求规模和覆盖面，稳妥推进。坚决纠正简单入股分红、明股实债、扶贫小额信贷“户贷企用”等各类借资产收益扶贫名义实施的违规行为。

（四）四川：创新方式　促进增收

针对缺劳力、缺技术和丧失劳动能力的贫困群众增收难的问题，四川省大力推广实施资产收益扶贫，通过财政支农和扶贫资金形成资产股权量化的方式，让贫困户获取更加充分而有保障的财产权和财产收益权，形成了贫困群众持续稳定增收新渠道。

1. 主要做法

（1）制度先行。印发了《财政支农项目资产收益扶贫实施办法》，从目标任务、基本原则、实施主体、实施程序和保障措施五个方面指导各地推进资产收益扶贫工作。通过政策规则的制定，为各地资产收益扶贫试点工作的开展提供了明确的指导和良好的外部环境，在减少地方探索盲目性的同时又为各地根据实际情况开展自主创新留下了空间，形成自上而下的政策引导和自下而上的基层实践结合的制度创新路径。

（2）支持试点。为调动各地积极性，推动资产收益扶贫试点落地见效，2016 年以来，省财政共安排资金 12 亿元，支持农民合作社和农村集体经济组织开展试点。同时，在现代农业生产发展、农民合作社建设等项目中，要求农民合作社承接项目建设形成的资产要进行股权量化，并在股权设置和分配上以优先股的形式对社员中的贫困户给予倾斜支持。全省覆盖 15 万余贫困户，实现户均年增收 800 元以上。

（3）找准载体。资产收益扶贫试点工作不能行政命令、更不能强迫推行，只有找准载体，合理引导，通过市场化方式予以实施。为此，四川省选择了农民合作社和农村集体经济组织两个载体，由其自主开展试点。同时，鼓励龙头企业与农民合作社或农村集体经济组织共同利用财政支农资金成立实体，明晰双方持股比例，贫困户通过农民合作社或农村集体经济组织持有实体股份。

（4）把握步骤。在程序上，确定了“五个规定动作”：

一是开展宣传动员，把有关政策向群众讲清楚，引导群众积极主动参与。

二是核定移交资产。根据项目实施方案、工程决算、项目验收和资产性质等情况，核定适合量化的资产。资产核定结果由实施主体成员大会或成员代表会议审定，并按规定办理资产移交手续。原则上将以下资产纳入了量化范围，包括机电提灌站、仪器设备、农业机械、田间耕作道路、喷灌滴灌设施、大棚、山坪塘、农村供水工程、畜禽圈舍等。

三是明确量化对象。实施主体在财政支农项目实施前，召开成员大会或成员代表会议专题讨论，充分征求贫困户意见。同意参与实施财政支农项目、自愿承担相应权利和义务的贫困户可成为股权量化对象，由实施主体张榜公布、登记确认。

四是制订量化方案。实施主体在县（市、区）主管部门和乡（镇）的指导下，根据有关政策规定，充分听取群众意见，制订详细、具体的股权量化方案。方案提交成员大会或成员代表会议讨论，经2/3的成员或代表同意后形成“股权量化决议”，建立“股权分配台账”。审定通过的方案、决议和台账需报所在地的乡（镇）和县（市、区）主管部门备案。

五是颁发股权凭证。按照“股权分配台账”，实施主体向持股成员填制颁发记名的、持股成员享有收益处置权和同组织成员内部处分的股权证。各地具体推进时，可以在完成“规定动作”的基础上，增加“自选动作”，探索符合当地实际的操作程序。

2. 主要模式

实施资产收益扶贫项目的主要采取“股权量化、按股分红、收益保底、脱贫退出”的模式。

（1）股权量化。将财政专项扶贫资金投入到农村集体经济组织或农民合作社形成的资产全部量化给贫困户；将财政支农资金投入到农村集体经济组织或农民合作社形成的资产，经组织成员同意后，划出一部分，采取优先股的方式量化给贫困户。仪陇县险岩村众鑫食用菌种植养殖农民专业合作社通过引进四川宝丰农业有限公司作为业主，同时将财政投入的270万元支农资金进行股权量化，把20.5%的股权（410股）作为优先股平均量化贫困户，6.5%的股权（130股）分配给村集体，剩余73%的股权（1460股）作为合作社成员平均股平均分配给73名合作社成员。

具体的量化方式各有不同，根据资金来源、贫困户数量和原社员结构等不同情况，有将试点资金形成的资产全部量化给贫困户社员的，有贫困户比其他社员多的，有同时量化给村集体一部分的，但都体现了精准扶贫的要求，体现了对贫困户的特别支持。

（2）按股分红。择优选定的经营主体根据审定的分红规则和贫困户享有的股权，将年度利润分配给贫困户。崇州市东风村清源土地股份合作社在财政补助资金355万元建成的粮食烘储中心资产中，安排优先股10万元，平均量化给20户贫困户。当年，该烘储中心盈利32万元，每户贫困户领到优先股分红285元。

（3）收益保底。对贫困户股权，参与入股经营时，无论经营主体是否盈利，包括一些产业在尚未投产、没有收益的时期，均按不低于银行同期利率的存款利息给予贫困户保底分红，让贫困群众见到“现钱”。苍溪县兰池村产业发展合作社在猕猴桃没有挂果前，每年按照银行一年期存款利息向贫困户兑现保底收益，向每户贫困户兑现309元。巴中市恩阳区万寿养殖专业合作社在没形成可分配利润前，按人民银行同期一年期贷款利率为基数，核算保底分红额，财政扶贫资金共投入118.4万元，每年保底5.324万元，平均每个贫困人口保底206元。

（4）脱贫退出。按照“动态管理，脱贫销号”办法，贫困户优先股不能“一定终身”，实行动态管理，脱贫后退出，由实施主体收回，通过“一事一议”的方式重新安排。凡实现脱贫的农户给予一定巩固期（1—3年）优惠持股，期满后不再享受扶贫股权，原贫困户所持有的扶贫股收归村集体经济组织持有管理，用于救助因灾返贫、因病返贫的困难群众或给新增贫困户配股。兴文县毓秀苗乡林下黑猪养殖合作社规定，脱贫的贫困户将享有的优先股转给其他返贫贫困户，帮助返贫贫困户实现脱贫；在全部贫困户实现脱贫后，将转作村集体股，收益部分作为村集体收益，投入公益事业。

3. 取得成效

（1）贫困户收入明显增加。资产收益扶贫让贫困群众获得了土地流转带来的“租金”、资产股权“按股分红、收益保底”带来的“股金”和就地就近就业带来的“薪金”。特别是资产收益扶贫使贫困户享受了配股，按股分利分红，盘活了资产的使用权，由“象征意义”的财产成为“产生效益”的股权，发挥了资产“造血”功能，使贫困农户获得长期、稳定的财产性收入。

（2）贫困群众主体地位更加牢固。资产收益扶贫让试点区的每个贫困群众都成为现代农业发展的股民、集体设施的主人，沐浴到了公共财政的阳光，分享到了产业发展的成果，平等参与到了农业现代化进程中，构建起了财政支农资金与贫困群众利益的有效联结机制和财政扶贫资金的精准扶持机制，实现了贫困群众“要我干”向“我要干”的转变。

（3）贫困村实力显著增强。贫困村基本没有收入，属于典型的“空壳村”。资产收益扶贫中，在量化除了财政专项扶贫资金以外的支农资金形成资产时，为农村集体经济组织配置了一定股权，享有分红的权利，促进了集体经济发展壮大，促进了群众关心的公益事业发展，有效解决了集体经济组织无钱办事的难题。

（4）农业生产发展方式有效转变。在试点组织的引导带领下，盘活资产股权，从事合作经营，完善推广“合作社 + 农户 + 龙头企业”“园区 + 合作社 + 农户”等经营模式，促进了土地有序规范流转，农业适度规模经营，农业生产发展方式转变。同时，还建立了“责任有落实、措施有保障，经费有来源”的管护机制，解决了财政支农项目资产“重建轻管”的老大难问题。

（五）重庆：强力推进精准脱贫　发展特色效益农业

2016 年以来，重庆针对农业企业与农民利益连接机制不紧密、农民分享产业链增值收益不多及农村集体经济薄弱实际，在全市主要农业区县探索开展了以农业项目财政补助资金股权化改革（以下简称“股权化改革”）、“三变”改革（资源变股权、资金变股金、农民变股东）为主要形式的资产收益扶贫工作，将财政投入到农业企业、合作社的产业发展资金，以共同持股的方式让农民特别是贫困户获得更多财产性收入。其主要做法及成效是如下：

1. 界定资金范围，锁定高效产业

在资金使用上，各试点区县用于股权化改革的财政资金，为市级和区县财政资金中涉农产业发展资金。不包含农民直接补贴、土地整治、公益性基础设施建设、家庭农场补助、贷款贴息补助资金。每个试点区县统筹安排涉农产业发展资金用于股权化改革试点，每年不少于 3000 万元。为强力推进精准脱贫，各级产业扶贫资金，可折股量化到精准识别的贫困户。在产业选择上，股权化改革紧紧围绕全市现代特色效益农业发展，尤其是结合大力推进柑橘、榨菜、生态渔业、草食牲畜、中药材、茶叶、调味品等七大特色产业链建设，优先选择产出效益高、产业带动强的项目实施。

2. 确定持股比例，固定分配收益

一是多方共同持股。对投入到农业企业的财政资金，农业企业持股不高于 50%，50% 以上作为涉及土地流转的农民和农村集体经济组织持股，农村集体经济组织持股 10%，农民持股不低于

40%；对投入到农民合作社的财政资金，合作社领办者持股不超过30%，农村集体经济组织持股10%，其余成员持股不少于60%。二是加强股权管理。农村集体经济组织及其成员持有股份视同优先股，不参与农业企业经营决策、管理。双方约定项目存续期限一般不少于5年。项目存续期内，农村集体经济组织及成员不得退股，成员内部之间可以转让。三是实行固定分红。参照现行银行一年期贷款基准利率（约4.35%），农村集体经济组织及其成员按每年持股金额5%—10%的标准实行固定分红，分红时限为项目存续期。农村集体经济组织持有部分分红收益用于农村公益事业。

3. 严格监督管理，规范退出程序

一是严格申报。参与股权化改革的农业企业、农民合作社必须征信记录好，社会责任感强、履约分红能力强；农村集体经济组织必须运行管理规范，民主有序；选择受益农户时，优选建卡贫困户纳入改革试点。采取“公开申报、竞争立项、自上而下、逐级编审”申报，确保农业项目的真实性、合规性。农业企业申报项目，其配套资金不低于财政资金。农民合作社申报项目，其配套资金不低于财政资金的一半。二是严格监管。市区（县）两级坚持“谁主管、谁负责”的原则，强化对农业项目的监督管理。区县行业主管部门做好农业项目实施督导、收益分配督促及绩效评价等工作。对不履行分红义务的农业企业，不再纳入区县级以上龙头企业评选范围，不予申报以后年度农业项目；对不履行分红义务的农民合作社，不再纳入市级以上示范社评选范围，不予申报以后年度农业项目。三是严格退出。农业项目存续到期后，农业企业按原值赎回农村集体经济组织及其成员所持股份，农村集体经济组织收到农业企业变现资金后，将农民持股部分量

化平均到人（户）。确因不可抗拒因素导致项目无法续存，参照国家对企业破产清算相关政策规定处置。

4. 释放改革红利，实现多方共赢

2016—2019年，全市已累计股权化改革涉农项目资金41.98亿元、项目6696个。其中，2019年股权化改革农业项目资金12.28亿元、项目2654个，惠及2016个农村集体经济组织、12.54万农户（贫困村654个、3.7万贫困户），当年兑现集体经济组织分红1756万元、农户分红2951万元（贫困户分红1318万元）。通过股权化改革试点，取得了三方面效果：一是财政支农方式实现创新。财政支农资金由“投”改“股”，提高了财政补贴资金的精准性和使用效益；二是农民财产性收入得到增加。农民共享财政补贴资金投入产生的收益，体现了财政支农资金使用的“普惠”原则；三是各方关系日益融洽。农民、企业、农村集体经济组织形成了关系紧密的利益共同体，实现了“联产联业”“联股联心”。

为深入推进股权化改革，市财政局会同市农业农村委于2019年修订完善了相关制度，调整了资金范围和实施区域，明确由区县因地制宜确定补助标准，持股主体向村级集体经济组织倾斜，实行弹性收益分配机制和逐步退出机制，保障政策效能充分发挥。

（六）云南西盟：发挥产业优势　引进龙头企业

云南省西盟县基于“产地资源优、产业基础广、文化底蕴深、技术支撑强”的优势，确定云岭牛产业为“一县一业”主导产业，按照“短期种草脱贫、中期养牛致富、长期品牌提升”发展思路，引进省级龙头企业三江并流农业科技有限公司落户西盟，开启了“龙头企业+平台公司+村集体+贫困户”的合作模式。

1. 实施主体基本情况

云南三江并流农业科技股份有限公司（以下简称“三江并流公司”），创立于2004年，现已发展成为以肉牛养殖为主业、配套饲料种植、有机肥生产、牛羊和家禽屠宰、肉类食品加工、拥有自主知识产权的高档雪花牛肉生产技术专利和《互联网+肉牛智能化云养殖管理信息系统》相关专利的现代肉牛养殖专业化企业，三江并流公司于2015年10月13日在新三板挂牌上市，拥有养殖、旅游、加工、餐饮、贸易、电商、物流7个全资或控股子公司、4个分公司和3个参股公司。

2. 项目发展基本情况

2016—2019年，云南省西盟县与三江并流公司合作发展肉牛产业，项目计划投入资金3.6亿元，拟建设13个云岭牛养殖小区，目前已建成9个，在建4个，现存栏肉牛5458头。通过股份分红、订单收购、劳务用工等方式，带动贫困户脱贫致富。目前，已有5511户1.84万人（建档立卡户2973户1.04万人）建立了饲草收购订单联结关系，6889户2.26万人（建档立卡户3470户1.18万人）建立劳务联结关系。累计已受益建档立卡贫困户40024人/次，产生收益1642.02万元。

3. 项目运作模式

云南省西盟扶贫投资开发有限公司归集村集体产业资金1.5亿元，负责养殖小区基础设施建设，购买种牛，出售成品牛，成本核算与支付，将到村扶贫资金资产收益进行量化拨付。三江并流公司负责垫资建设养殖小区，饲养管理肉牛，收购成品牛，进行精深加工、品牌打造、市场销售等工作，并开展好养殖技术培训。村集体负责落实养殖小区建设用地、饲草种植用地，组织群众做好培训、生产、销售、资产收益分配等事宜。农户积极参与培训、生产、销售、资产收益等事宜，掌握种养殖实用技能，获得稳定可持续收入。

4. 带贫模式（见图1）

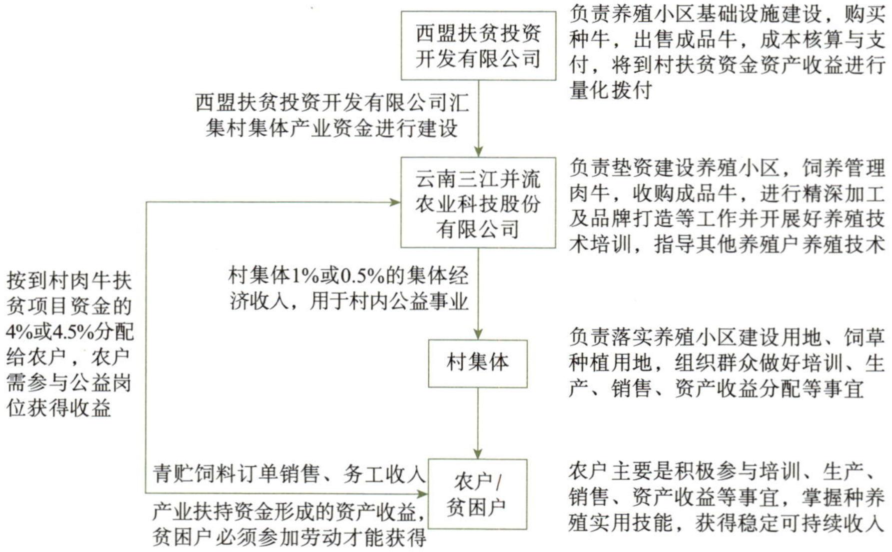

图1　带贫模式流程

（1）入股分红。一是村集体。企业兑付产业项目资产收益最先汇聚到村集体，村集体有1%或0.5%（根据项目设定）集体经济收入，村集体通过“一事一议”原则，对集体经济收入进行管理使用，一般用于村内公益事业项目。二是贫困户。按到村肉牛扶贫项目资金的4%或4.5%（根据项目设定）分配给农户，资金由各村民小组成立的脱贫攻坚委员会管理，通过设立保洁员、护路员等多种公益岗位，与 6889 户 22625 人（其中建档立卡户 3470 户 1.18 万人）建立了紧密的资产收益股份联结机制，贫困户按劳取酬。

（2）青贮饲料订单销售。引导支持贫困户扩大饲草种植规模，并给予一定生产项目补助（皇竹草补助生产资料 700 元/亩，青贮玉米补助生产资料 200 元/亩）；三江并流公司与各村民委员会签订饲草订单收购协议，稳定贫困户收入，2018 年建成饲草饲料基地 26939.77 亩（其中，青贮玉米基地 23976.6 亩，皇竹草 2963.17 亩）。收储青贮饲料 5.8 万吨，兑现资金 1428.07 万元，覆盖农户 5511 户 18356 人（其中，建档立卡户 2973 户 10396 人），户均增收 2500 元以上。

（3）务工收入。一是合作社组织建档立卡贫困户赴养殖小区务工获取劳务收入，人均 100 元/天。每年可带动 500 名建档立卡户进场务工 90 天，劳务总收入 450 万元；二是三江并流公司组织建档立卡户开展以劳代训，参与建档立卡户每年可获得培训收益 400 元。

5. 风险防控

（1）健全完善标准体系，提升市场竞争力。依托三江并流公司，逐步建立健全农产品质量和食品安全标准体系，加强农业投入品和农产品质量安全追溯体系建设。计划施行云岭牛从养殖、运输、屠宰、分割、加工、贮藏、包装到进入市场销售的全程追溯管理，确保西盟云岭牛质量安全，提升西盟云岭牛核心竞争力。

（2）购买保险，有效抵御行业风险。积极与太平洋财险合作，针对云岭牛常见病种，为云岭牛购买养殖保险，有效增强云岭牛产业抵御风险能力，调动贫困户参与产业发展积极性，保障云岭牛产业健康可持续发展。

（七）云南泸西：创新多种模式 带动贫困群众增收

云南省泸西县金马镇依托明康汇生态农业集团——云南泸西种植有限公司（以下简称“明康汇泸西种植公司”），采取公司党支部与爵册村党总支强化村企联建，深入实施“龙头企业+村党总支+合作社+农户”资产收益扶贫模式。爵册村党总支注册爵册农业综合服务社，以村集体项目区土地、水电设施、协调服务等入股与公司开展蔬菜种植合作。通过土地流转、务工收入、资产入股、示范帮带、租赁服务等多种模式，带动贫困群众增收致富。

1. 实施主体情况

云南省泸西县明康汇泸西种植公司于2014年7月进驻泸西县金马镇，系中国企业500强——浙江海亮集团旗下生态农业集团在云南投资的唯一高原特色蔬菜种植基地，产品定位为高原特色高端蔬菜，主要供应春夏之交的叶菜类、夏秋之交的茄果类，辅之以部分根茎类蔬菜产品。2016年G20杭州峰会召开期间，明康汇泸西种植公司作为G20杭州峰会蔬菜供应方，共供应品类21个72.44吨，成为G20峰会名副其实的“菜篮子”。

2. 项目内容及带贫模式

（1）产业发展内容。云南省泸西县金马镇爵册村党总支积极与明康汇泸西种植公司合作，依托当地蔬菜等特色产业优势，建立种植基地，全力发展高原特色高端蔬菜种植，带动当地贫困户增收致富。种植基地共4000亩，采取目前国内最为严格的生态蔬菜种植全程可追溯管理品控体系，投资1.5亿元，带动周边大户发展蔬菜种植5000亩，实施订单种植1100亩，经营总面积达10000余亩，年产值8000余万元，吸纳110户建档立卡贫困户到基地务工，人均务工年收入2.8万元。明康汇泸西种植公司借助集团公司海亮集团市场渠道，产品从基地直接进入长三角地区自营管理的门店，减少流通环节，提供更大空间让利于农户。

（2）带贫模式。

一是“土地流转+返聘务工”模式。采用“土地流转+返聘务工”的办法，引导缺技术、缺资金、缺销路的贫困户将有经营权的土地集中到社会化服务组织，流转给龙头企业经营，企业提供就业岗位吸纳农户就地就近务工，增加务工收入，实现租赁土地和劳务收入“双收”。从2014年起，明康汇泸西种植公司与金马镇爵册、新坝两个村委会签订合同流转土地4000亩，按年支付农户土地流转租金1500元/亩·年，每三年上涨100元/亩。公司年支付土地流转租金680万元，其中，建档立卡贫困户土地流转租金104万元，户均租金达4303元；基地长年用工需500余人，短期年均用工18万人次，支付务工费1750万元，其中，110户建档立卡贫困户进入基地务工，人均年务工收入2.8万元。

二是资产租赁收益模式。借全省开展强基惠农“股份合作经济”之机，云南省泸西县金马镇党委聚焦爵册村党总支过去“无钱办事”“无能力服务”的难题，找准发展优势和最佳路径，着力推进强基惠农“股份合作经济”工作，金马镇整合财政专项扶贫资金160万元，修建400吨冷库一座，明确冷库产权归爵册村集体所有，公司每年按投资额的7.5%付给爵册村集体，爵册村党总支根据贫困户主动参与村庄治理、人居环境提升、卫生厕所改造、积极务工主动脱贫等情况，分类分档次将租金分红收益，量化分给贫困户。2018 年以来每年村集体获得分红收益 12 万元，截至 2020 年，村集体已获得分红收益 36 万元，收益用于建档立卡贫困户户厕改造等。

三是示范帮带模式。为带动农户及地方经济健康发展，云南省泸西县金马镇爵册村党总支积极发挥先锋模范作用，积极动员和组织农户参与，通过明康汇泸西种植公司与农户签订“合作协议”，免费为种植户提供蔬菜种苗，采取统一种植时间、统一采购物资、统一技术指导、统一肥料标准、统一病虫害防治、统一采收标准、统一保底价收购，免费提供技术支持与服务，农户按照公司种植规程安排种植，产品由公司按照市场价格统一收购的全产业链模式，严把产品质量关，实现产销衔接。目前，已带动当地 120 余户农户发展蔬菜种植，大大提高农户收入，实现了公司与农户的双赢。此外，在明康汇泸西种植有限公司的带动下，基地周边农药、种子、运输、包装等行业逐渐发展起来，每年产生超过 1 亿元的带动效益，直接和间接解决超过 2 万人的劳动力就业。

帮带模式流程见图 2。

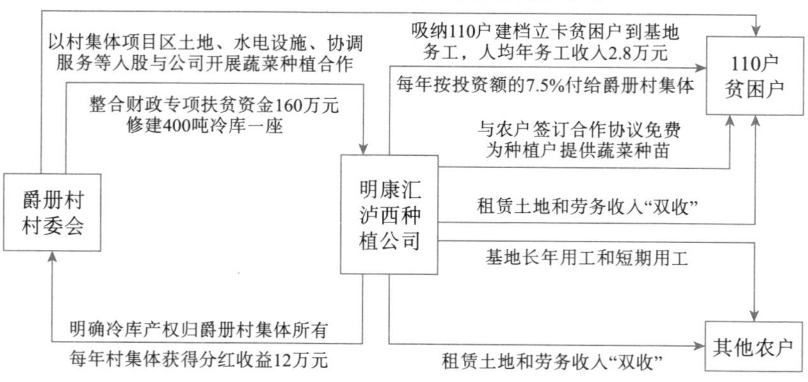

图 2　帮带模式流程

（八）青海：破解生态难题 加大产业投入

资产收益扶贫是转变财政支持方式、创新财政扶贫方式、促进贫困户持续稳定增收的重要举措。2016 年以来，青海省始终将资产收益扶贫作为推动精准扶贫、精准脱贫，破解高海拔高寒、生态脆弱的贫困地区产业选择难、培育难、见效慢问题的有效途径，积极探索资产收益扶贫的青海模式，发挥好资产收益扶贫相关政策，确保如期打赢脱贫攻坚战，让全省各族贫困群众同全国人民一道进入全面小康社会。

1. 持续完善资产收益扶贫政策，强化资产风险防控体系建设

先后出台《青海省资产收益脱贫攻坚行动计划》《青海省财政厅 青海省扶贫开发局关于加强财政扶贫专项资金使用和项目管理的指导意见》《关于加强产业风险防范的实施意见》等一系列制度办法，织紧织密政策藩篱，强化资产收益扶贫风险防控体系建设。一是固定资产抵押，将经营主体利益与贫困户利益进行捆绑。防止财政专项扶贫资金及其他涉农资金以投资或入股形成的资产损失或流失，各类经营主体在承接资产收益扶贫项目前，需将自身固定资产作为资产收益扶贫项目资产抵押，且抵押资产大于财政资金投入资产，并经依法公证后，方可获得财政资金注入，实施资产收益扶贫项目。二是依法签订协议，确保项目各方责权明晰，有据可依。全力维护和保障贫困群众的知情权、参与权、选择权、监督权，确保贫困人口成为资产收益扶贫项目的受益者和参与者，明确要求各类经营主体、项目村和受益贫困户三方签订入股分红协议，明确收益的贫困户、期限、标准。三是确定保底收益，切实保障贫困群众从中获益。资产收益扶贫项目按

其经营运行情况，每年向入股贫困户分红不得少于入股或折股份资金6%的保底收益，保证财政资金“不白投”，建档立卡贫困人口真获利。四是建立风险预警机制，监督指导各类经营主体规范有效实施资产收益扶贫项目。开展全省资产收益项目风险评估工作，加强和规范资金管理，建立健全风险预警机制，指导各地资产收益项目完善带贫减贫机制，通过务工、订单、流转土地、技术支持等方式，引导经营主体带动贫困户发展产业，提高脱贫户参与度，既进一步增加收入，又有效防止“一分了之”。同时，为进一步加大对资产收益项目的督导检查，每年开展脱贫攻坚大督查，抓早抓小，对资产收益扶贫项目中存在的问题及时发现、及时整改。

2. 持续加大扶贫产业资金投入，强化扶贫产业资金投入保障

2016年以来，青海省始终坚持把扶贫产业发展作为脱贫攻坚重中之重，努力克服经济下行压力，积极调整支出结构，切实发挥好财政支持打赢脱贫攻坚战的政策体系，构建了省级专项扶贫资金每年增长20%以上的投入保障机制。五年来，安排财政专项扶贫资金229亿元，其中，累计安排扶贫产业发展资金125亿元，年均增幅4.2%，为全省扶贫产业和资产收益扶贫项目发展夯实了资金保障基础。

3. 持续探索资产收益扶贫新模式，强化项目带贫减贫效益

特殊的地理环境、明显滞后的经济发展现状是阻碍青海省各类产业发展的“两座大山”。从生态保护着眼，2016年以来，青海省在现有产业扶贫政策框架内，充分发挥生态优势，在不改变资金用途的情况下，积极探索破解高海拔、高寒、生态脆弱贫困地区产业选择、培育、发展瓶颈，利用各类财政资金在设施农牧

业、特色养殖、扶贫产业园、乡村旅游、光伏建设等涉农项目形成中的资产，多种模式扶持带动发展条件和能力明显不足的贫困地区和贫困人口实施资产收益扶贫项目，实现了贫困户增收、产业增效、实体增强的目标。一是“光扶+公益性岗位”模式。以扶贫光伏电站为核心，依托村级集体经济组织，通过安排村级公益性岗位，引导贫困群众参加村级公益性事业建设。如青海省贫困村村级光伏扶贫项目，总装机容量47.16万千瓦，涉及30座村级光伏电站，受益对象覆盖全省39个贫困县（市区）、1622个建档立卡贫困村，带动贫困户超过6.8万户，是全国范围内唯一一个覆盖省域范围内所有贫困县（市、区）和贫困村的光伏资产收益扶贫项目。二是“村级集体经济+合作社+农户”模式。以村级集体经济或合作社为平台，始终坚持“生态保护与产业兴旺齐头并进”的发展理念，通过组织贫困农户入股、务工、收购贫困户农畜及手工产品的方式，通过发展生态畜牧业、特色种植、农畜及民族手工艺品加工等产业，带动群众增收致富。如泽库县拉格子日生态畜牧业资产收益扶贫项目，通过实施合作社股份制改造，以牲畜、草场、资金折股量化的方式，吸引全村98.9%的牧户入社，带动全村181户牧户实现了资源变股权、资金变股金、牧民变股民的转变。三是“固定资产经营+转移就业”模式。部分贫困村处在极端气候条件区，完全不具备发展本地产业的条件和能力或本地产业发展空间不足。为破解发展难题，贫困村选择在省会、州府等繁华商业区购置商铺及写字楼等固定资产，并按贫困群众入股情况，以固定资产经营收益进行分红。同时充分利用“雨露计划”等城乡劳动力就业技能培训政策，动员和组织贫困群众参加汽车驾驶、刺绣、烹饪、家政服务等实用技能培训，扎实开展岗位对接，逐步实现贫困群众转移就业。

（九）甘肃古浪：加大投入促增收　资产收益助脱贫

近年来，古浪县着力加大财政扶贫投入，积极开展涉农资金统筹整合使用，紧紧围绕“保持农业稳定和农民收入持续增长”“全面推开、规范运行、巩固提升”的工作思路，把“三变”改革同打赢脱贫攻坚、实施乡村振兴战略结合起来，以主体培育、产业发展、股份合作、风险防控等为重点，建立完善与贫困村、贫困户利益联结机制，大力推进资产收益扶贫，做强做优扶贫产业，增加了贫困群众资产收益，有力促进了全县脱贫攻坚进程。截至 2020 年 10 月底，全县 19 个乡镇、251 个村、37 家企业、101 个农民专业合作社、20240 户农户（贫困户 14026 户）参与“三变”改革，累计实现农户分红 11580 万元，其中贫困户分红 6201 万元，为全县打赢打好脱贫攻坚战提供了坚实保障。

1. 完善利益联结机制，带动贫困户增收

突出确权、产业、主体、入股、融资等关键环节，探索推广多种形式的改革模式，打造“股份农民”，增加农民财产性收入。截至目前，全县 19 个乡镇、251 个村、37 家企业、101 个农民专业合作社、20240 户农户（贫困户 14026 户）参与“三变”改革，累计实现农户分红 11580 万元，其中贫困户分红 6201 万元。

设立“资金股”。大力整合财政涉农资金，为 9674 户、3. 66 万贫困人口增资配股 19831 万元，每年可实现分红近 2000 万元；实施“三变”改革配股示范项目，动员 282 户贫困户以 129. 9 万元自有资金入股，财政资金按 1∶3 比例进行配股扶持，发展露地蔬菜、食用菌、扶贫车间等，承接经营主体按照入股资金 10% 的比例向入股农户分红，增强了贫困群众“股东”“股权”意识。

设立“资源股”。动员农户以耕地、经济林经营权流转入股10.4万亩，受益农户1.04万户、4.1万人。永丰滩镇526户农户土地入股9936亩，亩分红800—1000元。

设立“资产股”。全县2425户农户以日光温室入股4603亩，773户农户以养殖暖棚入股3777亩，按入股协议约定获得分红收益。

设立“劳务股”。鼓励经营主体通过产业基地、扶贫车间等方式，为农民群众提供就业岗位，目前通过劳动力入股1860人，实现劳务收入1899万元。

设立“文明股”。筹措资金124万元入股县扶贫开发公司，每年按10%比例分红，用于对全县精神文明户进行奖励，2018年以来，累计奖励精神文明户4900户；村集体每年拿出经营性收入的15%，设定奖励标准，对各类弘扬文明新风先进典型进行股份奖励。

2. 积极培育经营主体，着力搭平台增活力

组建国有公司。组建成立县扶贫开发公司和兴盛种羊、漠缘林业等6个子公司以及19个乡镇扶贫开发公司，大力发展羊、牛、鸡、肉苁蓉等特色产业，带动农户和村集体参与“三变”改革。

培育致富带头人。大力支持和鼓励产业大户、致富能手、返乡农民工、大学生领办创办产业合作社等新型经营主体，指导其健全组织机构、科学管理运营，积极与产业耦合度高的农民合作社组建联合社，抱团发展产业，增强带贫能力，涌现出了党的十九大代表胡中山、“最美扶贫人”胡丛斌等一批带领移民群众发展产业、增收脱贫的先进典型。

规范专业合作社。指导合作社从完善管理运营机制入手，健

全组织机构，完善内部议事、管理制度，通过聘请专业会计、与会计事务所合作等方式，健全会计账簿，规范会计核算；通过培训指导、清理整顿，推进合作社健康运行，提升服务带动能力，进一步促进农业产业发展、带农增收能力。

引进龙头企业。引进德青源、中天羊业、甘肃正阳、甘肃顶乐、甄程牧业等龙头企业，借助企业资金、技术、人才等力量，带动农业主导产业发展，助力脱贫攻坚进程，农业产业化龙头企业参与“三变”改革的有37家。

3. 典型示范引领，推动产业发展

县扶贫开发公司。联合6个子公司、北京德青源公司、康美集团深度参与“三变”改革，与德青源公司合作建设120万只金鸡产业扶贫项目，吸纳4624户贫困户以到户产业扶持资金7767.5万元和46个村集体经济发展资金2477万元入股，每年按入股资金8%—10%的比例分红；向子公司兴盛种羊公司投入到户资金2821万元，每年按照10%的比例进行固定分红，带动贫困群众2200多户，加快了全县种羊种改良步伐，推进了羊产业发展进程。

鸿旺兴农牧专业合作社。通过“合作社+基地+农户”模式，承接古丰镇3个村集体经济发展资金87万元，吸纳180户搬迁群众土地入股2250亩，一次性支付5年入股分红56.25万元，发展千亩芍药种植基地，按每年10%向村集体分红，累计吸纳当地劳动力9000人次，带动52户贫困户实现就业脱贫。

润景合作社。不断探索乡村服务型新型经济发展业态，吸纳古浪镇5个村集体经济发展资金50万元，大力发展“花海经济+”乡村旅游服务产业，每年按不低于入股资金的5%分红，带动周边群众就近就地实现就业。截至目前，全县参与“三变”改革的经营主体累计牛饲养量 2.4 万头、羊饲养量 22 万只、鸡（鸽）饲养量 110 万羽，特色优势作物种植面积达 10 万亩。

4. 强化监督管理，严密防控风险

切实加强对经营主体的监督管理，为“三变”改革加上“安全阀”。一是对“三变”改革项目承接经营主体开展全面检查指导，委托甘肃金源会计师事务所对其资金使用、财务管理、生产经营情况开展专项检查，对发现的问题建立了整改台账，督促乡镇、经营主体及时整改，确保经营主体合理合规开展生产经营活动。二是大力推行专人监管、资金账户监管、对等资产抵押、第三方提供担保等措施，监督经营主体按要求使用入股资金，提高生产经营效益，确保入股资金、资产安全。三是鼓励经营主体强化政策性保险投入，提高农业保险服务能力，扩大农业保险覆盖面，全力做好农业保险防灾防损、定损、承保理赔等工作，最大限度化解自然灾害和市场经济给经营主体和广大农户带来的损失。四是通过集中宣传、入户征求意见等方式，指导经营主体和农户按照“风险共担、利益共享”的方式签订“保底分红”协议，并督促经营主体累计向农户发放股权证 3.35 万本、分红证 3.29 万本，明确了资金使用收益权属及双方的责任，切实保障了各方利益。

六、基础设施扶贫

（一）交通扶贫

1. 财政支持政策基本内容

财政部认真贯彻党中央、国务院关于脱贫攻坚的决策部署，会同交通运输部先后印发了《关于印发〈车辆购置税收入补助地方资金管理暂行办法〉的通知》（财建〔2014〕654号）、《关于印发〈车辆购置税收入补助地方资金管理暂行办法〉的补充通知》（财建〔2016〕722号）、《关于进一步明确车辆购置税收入补助地方资金补助标准及责任追究有关事项的通知》（财建〔2016〕879号）和《关于〈车辆购置税收入补助地方资金管理暂行办法〉的补充通知》（财建〔2019〕272号），持续加强车购税资金管理，提高资金使用效益。

在制定“十三五”时期车购税资金补助标准时，有针对性地向集中连片特困地区等“老少边穷”地区给予倾斜，补助标准较“十二五”进一步提高。如对集中连片特困地区、国家扶贫开发重点县、其他“老少边”县建制村通硬化路的补助标准按“深度贫困系数法”划分为三档，分别为70万元/公里、65万元/公里、60万元/公里（四省藏区均为一档70万元/公里），其他“老少边”县60万元/公里，较“十二五”时期普遍提高了50%

以上。据交通运输部匡算，“十三五”时期，国家高速公路中央投资补助标准由“十二五”时期平均占项目总投资的15%提高到约30%；普通国道补助标准由“十二五”平均占项目总投资的30%提高到50%左右；乡镇、建制村通硬化路补助标准提高到平均工程造价的70%以上。此外，2019年，将抵边自然村通硬化路建设纳入车购税补助范围，西藏和南疆四地州（含兵团南疆师团）分别执行80万元/公里、60万元/公里标准，其他地区抵边自然村通硬化路建设执行40万元/公里标准。

2. 政策实施效果情况

据统计，2016—2020年中央财政累计安排贫困地区车购税补助资金9539亿元，其中用于“三区三州”地区2746亿元。通过财政资金投入和各方努力，交通扶贫取得积极成效。一是告别“出行难”，加快推进乡镇和建制村通硬化路建设，2019年底实现了具备条件的乡镇和建制村100%通硬化路。二是打通“大动脉”，贫困地区综合交通运输通道网络加快形成，曾经“山里山外两重天”的局面得以彻底改变，县城基本实现了二级及以上公路覆盖。三是畅通“微循环”，大力推进村村通客车，截至2020年，基本实现具备条件的乡镇和建制村100%通客车。四是走上“致富路”，通过资源路、旅游路、产业路建设，有效盘活贫困地区资源，增强贫困地区的“造血”功能。

（二）推进电信普遍服务试点

财政部、工业和信息化部自2015年起实施电信普遍服务试点工作。2015—2017年，组织实施三批试点，促进行政村光纤宽带建设提升，共覆盖13.2万个行政村，其中含4.3万个贫困村。

2018 年，按照国务院常务会议决策精神，推进深化试点工作，改革后试点政策主要支持偏远行政村、重点边疆（海岛）地区 4G 网络建设运维。2018—2020 年，共支持了 61805 个 4G 基站建设。

电信普遍服务试点工作有力推动了农村及偏远地区网络加快建设，截至 2020 年底，贫困村光纤、4G 宽带网络覆盖率超过 98%。提前超额完成“十三五”脱贫攻坚规划中提出的“力争到 2020 年实现宽带网络覆盖 90% 以上的贫困村”的目标，对助力网络扶贫具有重要意义。

七、文化和旅游扶贫

财政部会同文化和旅游部、广电总局等部门，加大对贫困地区公共文化服务体系建设、科技创新支持力度，推动贫困地区文化旅游、科技事业发展。文化旅游方面，一是通过中央支持地方公共文化服务体系建设补助资金（中央部门部分重点项目），支持实施贫困地区戏曲进乡村、村综合文化服务中心和县级应急广播体系设备购置等项目，2016—2020 年共安排 65.87 亿元。同时，统筹支持改善贫困地区基层公共文化体育设施条件和基层文化人才队伍建设。二是通过旅游发展基金，支持有脱贫任务的省份加强旅游景区公共服务设施建设，释放旅游扶贫富民效能，2016—2020 年共安排 54.1 亿元。按照试点贫困县资金统筹整合使用要求，资金分配实行切块下达，由地方政府统筹使用。截至 2020 年，中央财政支持地方为贫困地区约 11.3 万个村文化活动室购置了基本公共文化服务设备，为约 3.2 万个村综合文化服务中心购置广播器材，为农村乡镇配送文艺演出约 39 万场，支持 442 个县建设应急广播体系。

支持实施贫困地区戏曲进乡村项目，为农民群众配送以地方戏为主的文艺演出。

第四篇　资金监管

一、强化财政扶贫资金监管综述

财政部深入贯彻落实习近平总书记关于“扶贫资金是贫困群众的‘救命钱’，一分一厘都不能乱花，更容不得动手脚、玩猫腻”的重要指示精神，主动作为、上下联动，紧紧围绕重点环节、突出问题，建机制、强制度、增合力，从严从实抓好财政扶贫资金监管工作，推动落实资金监管责任，按照中央关于强化扶贫资金监管，做到阳光扶贫、廉洁扶贫的要求，切实履行扶贫资金监管主体责任，从严管理财政扶贫资金，做好扶贫资金监督，确保贫困群众真正受益，切实推动脱贫攻坚目标任务如期、高质量完成。

（一）完善财政扶贫资金管理制度和监督机制

1. 加强财政扶贫资金监管制度建设

制定印发《财政部关于全面加强脱贫攻坚期内各级各类扶贫资金管理的意见》（财办〔2018〕24 号），建立了“1 + 4”的扶贫资金管理机制，围绕全面加强各级各类扶贫资金管理，进一步理顺了各级各类扶贫资金管理体系。及时修订《中央财政专项扶贫资金管理办法》等一批资金管理制度，不断规范并加强扶贫资金管理。制定《财政部关于加强和规范财政支持脱贫攻坚政策落实情况监督工作的意见》《财政部关于进一步加强扶贫资金监督检查促进精准扶贫政策落实的意见》等，财政系统齐抓落实，聚焦重点区域、重点资金、重点政策等诸多方面，提出具体要求，进一步加大对财政扶贫资金监督检查力度。研究制定《财政部门财政扶贫资金违规管理责任追究办法》，严格责任追究。对追责情形和追责形式进行明确规定，提高追责问责可操作性，加强政策宣传，依法依规追责问责。

2. 推动建立财政扶贫资金监管全国“一盘棋”

按照部党组工作要求，制定印发《财政部关于进一步加强财政扶贫资金监管工作的指导意见》，突出监管重点，增强监管合力，进一步压实各单位日常监管责任，强化统筹协调，推动扶贫资金监管“一盘棋”。指导意见下发后，密切跟踪落实，汇总梳理扶贫资金监管工作情况，召开财政扶贫资金监管工作情况通报会，通报了2020年以来财政扶贫资金监管工作情况，部署下一步有关资金监管工作，要求相关单位按照各自职责，围绕脱贫总攻目标，聚焦“三区三州”等深度贫困地区以及扶贫资金监管中的问题和薄弱环节，细化工作任务，提升监管效能，共商解决有关资金监管中存在的难点重点问题。

（二）强化财政扶贫领域监督检查

1. 进一步发挥财政部各地监管局就近就地监管优势和作用

各地监管局把扶贫资金使用管理情况作为日常监管的重点工作，做好相关扶贫资金预算申请的审核，提出审核意见；开展财政专项扶贫资金和贫困县涉农资金整合政策落实情况实地核查；

充分利用财政扶贫资金动态监控平台，做好本区域扶贫项目绩效目标审核。

2. 聚焦深度贫困地区、重点资金和政策

（1）持续组织开展财政扶贫政策落实情况监督和涉农财政资金专项检查，严肃查处扶贫资金管理使用中的违法违规问题，推动财政支持脱贫攻坚政策落实。2017—2019 年，财政部连续三年组织开展了财政扶贫资金和财政支持脱贫攻坚政策落实情况专项检查核查，分别对财政扶贫资金管理使用情况、财政支持脱贫攻坚政策落实情况、财政支持深度贫困地区脱贫攻坚政策落实情况进行核查，依法依规严肃处理违法违规问题，坚决斩断伸向扶贫资金的“黑手”。

（2）开展惠民惠农财政补贴“一卡通”专项治理。贯彻落实国务院领导重要批示精神，财政部、农业农村部、民政部等七部委，于 2019 年开展了惠民惠农财政补贴资金“一卡通”专项治理，覆盖全国 31 个省份、1520 个县。报经国务院同意，七部委印发《关于进一步加强惠民惠农财政补贴资金“一卡通”管理的指导意见》，提出整合补贴政策和资金、规范代发金融机构等工作任务，要求建立“中央统筹、省负总责、市县抓落实”监管格局，推动实现所有补贴资金均通过“一卡通”发放，并确保管理到位，使用规范。

（三）建立健全扶贫资金项目公示公开制度

在财政部门户网站开设专栏，公开有关扶贫的政策、制度、办法和中央财政各项扶贫资金的分配结果，督促地方各级财政部门按照扶贫资金项目公告公示制度、落实“两个一律”公开的要求，做到中央、省、市、县财政专项扶贫资金分配结果一律公开，乡村两级扶贫项目安排和资金使用情况一律公告公示，主动接受各方监督。

二、全面实施财政扶贫项目资金绩效管理

党的十八大以来，党中央、国务院对加强扶贫资金管理高度重视。全面实施扶贫项目资金绩效管理是贯彻落实《中共中央 国务院关于打赢脱贫攻坚战的决定》的重要举措，是提高脱贫质量和实现精准脱贫目标的关键措施，对于切实提高财政扶贫项目资金使用效益、落实资金监管职责具有重要意义。财政部高度重视，不断提高政治站位，牢固树立“四个意识”，把支持打赢脱贫攻坚战作为一项重大政治任务来抓，充分发挥组织牵头、统筹协调职能，持续强化扶贫项目资金绩效管理，取得了积极成效。

（一）建立完善扶贫项目资金绩效管理制度体系

1. 加强顶层设计

2018 年 5 月，财政部会同国务院扶贫办、国家发展改革委呈请国务院办公厅转发《国务院办公厅关于转发财政部　国务院扶贫办　国家发展改革委扶贫项目资金绩效管理办法的通知》（国办发〔2018〕35 号，以下简称《办法》），对扶贫项目资金绩效管理作出整体设计。

2. 完善配套政策

《办法》出台后，为指导各地落实到位，财政部陆续印发了《财政部脱贫攻坚领导小组关于贯彻落实〈扶贫项目资金绩效管理办法〉的通知》（财脱贫组〔2018〕2号）、《财政部脱贫攻坚领导小组关于加强扶贫项目资金绩效管理考核有关问题的通知》（财脱贫组〔2018〕4号）等，进一步明确管理要求、压实管理责任。

3. 及时细化要求

2019年5月，印发《财政部办公厅关于进一步加强扶贫项目资金绩效管理工作的通知》（财预便〔2019〕107号），对扶贫项目资金绩效管理范围口径、职责分工、工作重点、监督检查等作出进一步强调，推动扶贫项目资金全过程绩效管理规范化、常态化。

（二）全面加强财政扶贫资金全过程绩效管理

1. 依托财政扶贫资金动态监控平台，实施扶贫项目资金绩效管理

在财政扶贫资金动态监控平台中专门增加绩效管理模块，其中包括绩效目标管理、绩效执行监控、绩效自评等全过程业务功能，并根据业务需求不断加强监控平台中绩效信息的挖掘和利用。研究制定统一的绩效管理样表和31类扶贫项目绩效指标参考模板，嵌入财政扶贫资金动态监控平台并不断优化完善。编写《扶贫资金动态监控平台绩效模块操作手册》，就绩效管理各环节的操作流程进行了具体说明，提高基层使用单位的便利性，确保

“最后一公里”落地。

2. 组织开展财政扶贫资金绩效评价

组织开展扶贫项目资金绩效自评、自评抽审、重点绩效评价，切实加强扶贫资金绩效管理，提高扶贫资金使用效益。一是部署开展扶贫项目资金绩效自评。财政部组织部署全国28个有脱贫攻坚任务的省份全面开展扶贫项目资金绩效目标填报和绩效自评，依托扶贫资金动态监控平台跟踪指导绩效自评工作，建立扶贫项目资金全过程绩效管理链条，为打赢脱贫攻坚战提供了重要支撑。二是组织开展扶贫项目资金绩效目标审核和自评质量抽审。2019年和2020年，连续两年组织财政部各地监管局对扶贫项目资金绩效自评结果进行抽查审核，督促及时整改，压实预算单位的绩效主体责任，切实提高扶贫项目资金效益。三是开展财政扶贫资金重点绩效评价。2019年和2020年，组织财政部有关监管局对纳入扶贫资金总台账中央对地方转移支付资金开展重点绩效评价，全面深入评估政策效果和财政资金使用效益，加强绩效评价结果应用，推动财政扶贫资金聚力增效。

（三）加强扶贫项目资金绩效管理培训指导

1. 统一部署培训

财政部、国家发展改革委、国务院扶贫办负责同志联合召开视频会议，对全国扶贫项目资金绩效管理工作进行部署动员。组织28个有脱贫攻坚任务的省份财政部门、832个国家扶贫开发工作重点县及连片特困地区县财政局相关同志开展了两期集中培训和多次视频培训，进行政策讲解和具体指导。

2. 强化过程指导

组织赴湖南平江、云南永胜、山西武乡等地进行实地调研，深入了解基层扶贫项目资金绩效管理情况并进行实地辅导。

3. 加强调查研究

以财政专项扶贫资金为切入点，积极研究扶贫项目资金绩效管理落地难问题。在河北、宁夏等地实地调研和广泛征求意见基础上，印发了《财政专项扶贫资金绩效管理操作指南（试行）》（财办农〔2019〕68号），供地方参考。

（四）强化扶贫项目资金绩效管理监督考核

一是组织财政部各相关监管局开展绩效目标填报质量抽查和扶贫项目绩效自评质量督查，及时将工作中发现的问题反馈当地财政部门，并督促整改，切实提高了绩效目标和绩效自评质量。二是将各地扶贫项目资金绩效管理工作情况，纳入地方预算绩效管理工作考核，有效提高了各省对扶贫项目资金绩效管理的重视程度。三是强化财政扶贫资金动态监控平台提示预警功能，对于绩效信息填报进度慢、内容不完整、数据偏差较大等问题，及时进行提示预警，进一步规范扶贫项目资金绩效管理。

从近年的实施情况看，扶贫项目绩效管理工作从无到有，成效逐步显现。在各级财政部门的共同努力下，基本实现扶贫项目资金绩效目标填报和绩效自评工作全覆盖，增强了基层单位的绩效管理意识，初步解决了扶贫项目“最后一公里”监管难的问题，为提升扶贫资金管理水平、提高财政资金配置效益和使用效益发挥了重要作用，为打赢脱贫攻坚战提供重要支撑。

三、财政扶贫资金动态监控平台建设取得积极成效

按照党中央打好精准脱贫攻坚战的决策部署，为全面加强各级各类扶贫资金管理，提高扶贫资金使用绩效，财政部从 2018 年 4 月开始，着手建设财政扶贫资金动态监控平台，探索建立财政扶贫动态监控机制。

监控平台建设依托金财工程应用支撑平台，按照“中央财政统建统管、中央和省级财政两级部署、市县级财政操作使用”的思路，边开发边应用边完善，为开展动态监控提供技术支撑。

在各级财政和相关部门的共同努力下，监控平台从无到有、稳步推进。2018 年 6 月 30 日，监控平台实现上线运行，在运行中不断优化完善，到 2019 年 6 月，平台建设任务基本完成，建设目标基本实现，成为各地加强扶贫资金监管、发挥资金效益的重要抓手。

（一）依托监控平台初步建立财政扶贫资金总台账

通过总台账，可以反映扶贫资金预算安排总量、分配下达、资金支付、绩效目标执行等信息。2020 年纳入总台账管理的资金包括中央层面涉及的中央财政专项扶贫资金、林业生态保护恢复

资金、就业补助资金、农业保险保费补贴等41项资金和地方有关扶贫资金。

（二）初步实现系统上下贯通和监控到项目到人到企业的目标

监控平台已在中央本级和有脱贫攻坚任务的28个省（区、市）、300多个地市、3000多个县（地市县均含开发区、实验区）稳定运行，配置用户10万余个。在相关部门及时接入数据的基础上，能有效监控预算分配下达、资金支付、绩效目标执行、到人到户补助发放等情况。在国务院扶贫办支持下，监控平台定期导入全国建档立卡贫困人口数据，用作与资金发放对象作信息比对和预警。

（三）初步发挥了发现和纠正问题的作用

财政部和28个省（区、市）均已制定动态监控工作规程，建立了常态化监控机制，推动加强扶贫资金监管。各地扶贫资金管理相关部门运用监控平台，督促加快预算下达和支出进度，发现和纠正了一批地方在扶贫项目资金管理中存在的违规问题，促进提高了财政扶贫资金的使用效益。

2018年6月30日，财政扶贫资金动态监控平台正式上线运行，实现自上而下分解下达扶贫资金、自下而上建立扶贫项目库，能够监控掌握财政扶贫资金的预算安排、分配下达、资金支付、绩效目标执行等情况。28个有脱贫攻坚任务的省（区、市）全部完成监控平台部署，300多地市3000多个县（含开发区、实验区）已实现稳定运行。

财政部将根据有关监管要求，继续优化完善监控平台功能，充实丰富预警规则和分析报表，为加强资金管理提供有力支撑（见图3）。

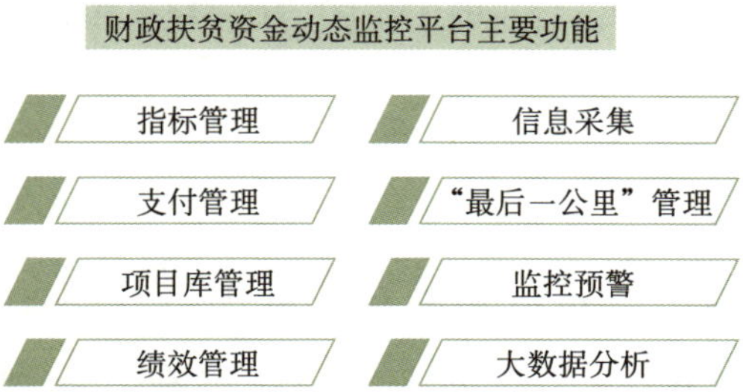

图3　财政扶贫资金动态监控平台主要功能介绍

四、财政专项扶贫资金绩效评价

2008 年，财政部和国务院扶贫办印发了《财政专项扶贫资金绩效考评试行办法》，在推动评价制度建立、规范扶贫资金管理方面，发挥了积极作用。党的十八大以后，党中央、国务院对新时期脱贫攻坚工作作出一系列重要部署，对改革财政专项扶贫资金管理机制提出了明确要求，也对财政专项扶贫资金绩效评价工作提出了更高要求。为适应脱贫攻坚新形势和财政资金绩效管理新要求，充分发挥绩效评价对资金使用管理的导向和激励作用，财政部联合国务院扶贫办对原《财政专项扶贫资金绩效考评试行办法》进行了修改完善，于 2017 年 9 月 8 日印发了《财政部　国务院扶贫办关于印发〈财政专项扶贫资金绩效评价办法〉的通知》（财农〔2017〕115 号）。2019 年，为进一步完善评价指标体系，财政部联合国务院扶贫办印发了《财政部　国务院扶贫办关于调整〈财政专项扶贫资金绩效评价指标评分表〉的通知》（财农〔2019〕89 号）。

（一）评价指标

财政专项扶贫资金绩效评价指标主要包括资金投入、资金拨付、资金监管、资金使用成效等方面。其中，资金投入主要考核省本级预算安排财政专项扶贫资金增幅、省本级预算安排财政专项扶贫资金与中央预算安排到省的财政专项扶贫资金的比例和省级预算资金分配的合理性、规范性；资金拨付主要考核资金拨付进度；资金监管主要考核信息公开和公告公示制度建设和执行情况、监督检查制度建设执行情况；资金使用成效主要考核年度资金结转结余率、精准使用情况。

（二）工作流程

财政专项扶贫资金绩效评价工作是省级党委和政府脱贫攻坚工作成效考核的重要组成部分。岁末年初，根据国务院扶贫开发领导小组统一部署，国务院扶贫办会同财政部具体组织实施。一是研究拟定年度财政专项扶贫资金绩效评价工作方案，由国务院扶贫开发领导小组审定后印发执行。二是确定年度工作方案后，各地印发工作通知，适时组织培训，就各地开展省级自评和报送评价材料提出要求。三是委托专家，对各省上报数据进行核对和汇总，在综合分析各省材料等情况基础上形成评价结果，出具评价报告。四是从 2017 年起，委托第三方抽查项目实地评价，对资金使用的精准性和实际效益，以及公告公示执行情况开展评价。

（三）结果应用

根据省级党委和政府扶贫开发工作成效考核办法，将评价结果及各省年度财政专项扶贫资金绩效评价发现的主要问题，纳入省级党委和政府脱贫攻坚成效考核结果统一通报。同时，将绩效评价结果作为中央财政专项扶贫资金分配因素，在下一年度资金安排时进行奖励，建立了有效的激励约束机制。

（四）主要成效

开展财政专项扶贫资金绩效评价作为资金监管的重要手段，为规范财政专项扶贫资金使用管理，充分发挥资金使用效益，发挥了“指挥棒”和标尺的作用，如有效推动了省本级投入财政专项扶贫资金的力度。全国省本级财政专项扶贫资金投入，由2016年的494亿元，增加到2020年1092亿元，年均增长21.93%。又如，切实加快了资金拨付进度。未在30日内下达资金的省份数量，由2016年的28个下降到2020年的0个。

五、河南：创新“制度＋技术”模式实行有力有效监管

按照省委省政府“资金使用精准”要求，河南省财政厅运用互联网技术建立起“制度＋技术”资金监管模式，在建立健全制度体系基础上，在全国率先建成全省扶贫资金数字化监控平台，对省市县乡四级财政扶贫资金实行全流程、全覆盖的精准监控、智慧监控、数字监控，实现扶贫资金与扶贫项目一一匹配，项目实施进度与资金支付进度一一匹配。

（一）主要做法

1. 筑牢制度根基，搭建扶贫资金管理“四梁八柱”

聚焦资金分配、使用、监管等关键环节，先后出台多项政策规定，推动扶贫资金管理制度化、常态化、长效化。一是完善资金分配使用机制。出台《河南省扶贫资金管理办法》《河南省扶贫项目管理办法》《河南省财政专项扶贫资金管理办法》《关于加强扶贫项目管理提高扶贫资金使用效益的意见》，进一步完善了财政扶贫资金管理运行、监督问责、绩效考核制度，使扶贫资金分配、拨付、使用、报账、监督等各个环节有规可依。二是完

善资金运行监管机制。制定《河南省扶贫项目资金公告公示制度》《关于加强扶贫资金监管的意见》，瞄准扶贫资金预算投入、资金分配、统筹整合、项目立项、项目储备、项目实施、资金支付、绩效评价等关键环节，构建从预算安排到绩效考评全链条、全覆盖资金监管机制。三是统一业务操作规范。制定扶贫资金数字化监控平台使用管理办法、财政扶贫资金管理操作手册等，从预算编制细化、指标接收、账户与支付管理等6个方面进行统一规范。

2. 强化技术支撑，构建扶贫资金数字化监控平台

2017年4月底，河南省扶贫资金数字化监控平台建设正式启动，5月底顺利完成开发建设，主要功能可概括为“一个平台，两路数据，三层定制，四级覆盖”。一个平台，基于省政务专有云平台建设运行。按照《河南省加快推进“互联网+政务服务”工作方案》要求，系统建设依托政务专有云平台，建成后第一时间在政务专有云平台上线运行。两路数据，汇集财政资金数据和外部单位个人信用数据。汇集、整理和展示财政内外“两路数据”，运用大数据技术实现信息共享、深度挖掘、增值利用：财政内部，包括预算执行、财政专户管理和一卡通等系统中全省财政扶贫资金审批拨付的全业务流程数据；财政外部，包括其他职能部门企业和个人信用信息相关数据。三层定制，为省、市、县用户分别定制系统权限和监控内容。省级和市县级分区域所有用户分别共享一个账户，省级用户权限和内容覆盖全省，市级用户权限和内容覆盖直管县以外所属县市区，县级用户权限和内容为本县（市、区）。四级覆盖，覆盖省、市、县、乡四级全部财政扶贫资金。通过表格、图表等方式，实现每个单位、每笔资金、每个流程、每个环节逐条逐项追踪式监控分析。六类预警，聚焦

资金管理使用全流程六个关键环节设置预警规则。从指标接收、资金分配、拨付进度、资金使用、账户管理、收款企业及受益贫困户等六个方面设置44条预警规则，对全省扶贫项目资金使用实时预警纠偏。

（二）主要成效

通过健全制度体系，推动扶贫资金数字化监控平台从“建起来”实现了“用起来”“用出成效”。

1. 实现扶贫资金运行全流程追踪

监控平台实现了扶贫资金从预算安排分配，到最终完成支付的全流程逐环节链条式追踪。对于每一笔资金，系统均可实时获取上级分配文号、时间，以及本级接收时间、下达下级文号、时间和分配去向；实时呈现支付的付款单位、账号、时间、支付用途以及收款人、收款账号等具体信息。资金走到哪个环节，有没有进行下一个环节的操作，系统都有明显标识。

2. 构建扶贫资金多维度多视角监控模式

在全流程追踪的基础上，系统提供分地区、部门及财政内部业务机构三种追踪监控模式，分地区模式可以通览扶贫资金在辖区内市县分配下达和形成支付的总体进展情况，分部门模式可以实时反映资金主管部门预算安排下达总体进度情况，分财政内部业务机构模式可以提供归口资金分配后在市县执行整体情况，三种监控模式为实时督促相关地区和相关部门加快资金项目工作进度提供参考依据。

3. 智能搜索提高在线监控效率

针对扶贫资金由省级下达到最终支出的信息量呈几何级增长现实问题，监控平台建立了智能搜索模块，通过任意字符的全文搜索，使管理人员可以从海量的数据中快速定位资金安排使用的相关信息，最大限度提高监控效率。

4. 实现资金安排使用情况自动更新

监控平台可以实时展示全省财政扶贫资金总规模，分层级展示省市县三级扶贫专项资金和可统筹资金构成情况，自动汇总更新市县资金安排使用变化情况，实时呈现资金分配和支付进度，改变了以往了解掌握全省扶贫资金安排使用情况只能依靠逐级报送的半手工操作局面。

5. 实现扶贫资金动态预警监控

实现资金安排使用进度预警、资金使用不规范行为预警、资金收款账户管理预警。建立市县扶贫资金风险历史台账。监控平台发出的风险预警，会将其记录在“资金风险历史”模块内，以台账形式分市县分部门扶贫资金管理使用风险进行记录，为加强资金管理、开展督促检查和扶贫资金管理绩效考核提供参考依据。

6. 扶贫项目实施和资金拨付进度明显加快

进一步拓展扶贫资金动态监控功能，实现扶贫项目实施和资金支出动态监控，发挥监控平台在扶贫项目实施和资金管理中的问题预警和工作推进导向作用，督促各市县早谋划、早实施，促进扶贫项目早见效，全省扶贫项目资金使用成效进一步提升，河南省财政扶贫资金绩效评价连续4年被财政部、国务院扶贫办评为优秀等次。

在总结扶贫资金数字化监控平台基础上，加快拓展、提升效率，积极推进数字财政建设，对涉及社保、保障房等民生资金和重大项目投资开展在线监管，构建覆盖全部财政收入、支出和政府债务的“三个在线”监管平台，进一步促进财政资金规范使用，更好地服务于各级党委、政府和财政部门加强财政资金管理决策。

六、湖北：紧紧围绕“五个坚持”创新“互联网+”监管模式

近年来，湖北省财政厅坚持资金保障与资金监管并重，紧紧围绕“五个坚持”，积极创新“互联网+监管”等模式，不断加强对资金使用的事前、事中和事后全流程监管，确保资金安排合规、分配合规、使用合规，切实发挥财政扶贫资金最大效益，为打赢脱贫攻坚战筑防火墙、扎篱笆桩。

（一）提高政治站位，始终把强化扶贫资金监管摆在突出位置

湖北省财政厅坚决贯彻落实习近平总书记关于加强扶贫资金监管工作的重要批示、重要指示精神，把加强财政扶贫资金监管作为重大政治任务强力推进，每年将扶贫资金监管工作纳入年度重点工作计划，先后转发财政部《关于全面加强脱贫攻坚期内各级各类扶贫资金管理的意见》，印发《贯彻落实财政部关于加强规范财政支持脱贫攻坚政策落实情况监督工作的实施意见》，进一步明确财政扶贫资金监管工作目标任务，推动财政支持脱贫攻坚政策和资金落到实处。财政监督部门每季度专题研究分析和部署推进财政扶贫资金重点监督检查工作，切实加强对市县财政部

门工作督导。

（二）完善监管体系，为扶贫资金精准高效使用保驾护航

1. 完善管理监督机制

着力从制度设计上保障发挥监管职能，不断完善管理监督机制和责任追究机制。先后印发《扶贫领域各类监督检查反馈问题整改跟踪督办工作暂行办法》《关于加强财政扶贫资金管理工作的意见》《关于开展扶贫资金重点抽查工作的通知》《财政部门财政扶贫资金违规管理责任追究办法》《进一步加强厅驻各市州财政监督检查办事处财政监督业务工作的通知》等系列制度文件，扎牢织密制度“笼子”，为打赢脱贫攻坚提供保障。

2. 构建闭环管理机制

坚持监管无盲区，坚持监管不留死角和断头路，致力构建全链条财政资金监管机制。坚决落实财政部关于加强财政扶贫资金监管的一系列部署要求，先后印发《关于支持乡镇财政加强资金监管工作的指导意见》《乡镇财政资金监管明责确责办法（试行）》等涉农资金管理意见，按照“谁申报项目、谁确定项目、谁核实数据，谁使用资金、谁负资金监管主体责任”原则，紧紧把资金使用与监管责任牢牢捆绑在一起，形成牢不可分的目标责任共同体，打造省市县乡四级财政资金监管闭环。

3. 建立联动监管机制

坚持多管齐下共同监管，坚持汇聚力量同向发力，配合省委巡视办出台《巡视巡察机构和财政部门有关工作贯通协作暂行办

法》等文件，建立多方联动协调监管机制，不断推动财政扶贫资金管理规范化和制度化。

（三）创新监管方式，确保扶贫资金使用管理安全有效

1. 坚持追踪问效

建立并积极落实“花钱必问效，无效必问责”机制。一是完善预算绩效管理制度体系和标准化建设。围绕全面覆盖，优化完善制度体系。先后印发《湖北省财政厅关于印发全面实施预算绩效管理系列制度的通知》《湖北省财政厅关于做好当前预算绩效管理重点工作有关事项的通知》，修订完善湖北省预算绩效管理制度体系，涵盖绩效目标管理、绩效监控、绩效评价、结果应用等全过程预算绩效目标管理各环节。围绕规范有据，打造标准体系。在完善制度体系的基础上，逐步构建预算绩效管理标准体系，包括第三方机构参与预算绩效管理子体系、绩效指标子体系、部门内部规程和管理制度子体系和其他与预算绩效管理相关的标准等内容。二是强化扶贫项目资金绩效管理。先后印发《省财政厅关于加强财政扶贫资金动态监控系统绩效管理有关事项的通知》《省财政厅关于进一步加强财政扶贫资金动态监控工作的通知》《省财政厅脱贫攻坚领导小组转发财政部关于切实做好2019年度扶贫项目资金绩效自评工作的通知》等，督促各地强化扶贫项目资金绩效管理，指导各地通过财政扶贫资金动态监控平台网上完成绩效自评。在对5个贫困县调研试点的基础上，省财政厅会同相关部门，根据《财政专项扶贫资金绩效管理操作指南（试行）》要求，统一制定涵盖财政专项扶贫资金绩效管理全过程的22个模板，指导各地全面实施财政专项扶贫资金绩效管

理。财政扶贫资金动态监控平台显示，2018 年以来，全省扶贫项目数量 17581 个，填报绩效目标的扶贫项目数量 17407 个，填报率 99.01%；纳入绩效目标管理的财政扶贫资金 1206.2 亿元，已执行资金 1025.6 亿元，执行率 85.03%。三是强化绩效结果运用。建立资金分配与绩效考评结果挂钩机制，省级统筹安排国家脱贫攻坚成效考核和财政专项扶贫资金绩效评价奖励资金 22.43 亿元，发挥资金使用成效正向激励作用，切实提高资金管理效益。巴东县 2018 年至 2020 年先后对全县财政专项扶贫资金、统筹资金、东西部扶贫协作资金和产业奖补项目、砂石路项目等开展重点绩效评价，对评价为优秀等次、良好等次的乡镇分别给予 20 万元、10 万元的奖励资金，对评价为不合格、绩效差的项目一律不兑付资金，全县节约财政资金 1587 万元；洪湖市 2018 年对评价结果为“D”类的慈善医疗救助项目直接调减基金预算指标 500 万元，财政扶贫资金支出的经济性、效率性、效益性不断提高。

2. 坚持问题导向

强化财政扶贫领域监督检查，严肃查处违法违规问题，坚决斩断伸向扶贫资金的“黑手”。印发《省财政厅关于深化扶贫资金监管领域腐败和作风问题专项治理三年行动工作方案》《关于进一步加强财政扶贫资金监管的通知》，紧盯扶贫政策落实、统筹整合、分配拨付、公开公示等 10 个重点，开展省对贫困县重点抽查及市州对县市、县市对乡镇、乡镇对村的全覆盖检查，层层压实各级财政部门扶贫资金监管责任。2018 年以来，省级对市县分季度共进行了 7 轮重点抽查，随机抽查了 84 个县市、174 个乡镇、358 个村，随机走访座谈 708 户贫困户，检查范围覆盖中央和省级 75 项扶贫资金，抽查资金 285.56 亿元，发现问题资金

23.03亿元，已督促整改20.35亿元，其他资金整改情况正在统计中。

3. 坚持信息共享

建立扶贫资金动态监控机制，推动解决扶贫资金使用管理中“最后一公里”监管难的问题。先后印发《湖北省财政扶贫资金动态监控规程》《省财政厅关于进一步加强财政扶贫资金动态监控工作的通知》《省财政厅脱贫攻坚领导小组关于财政扶贫资金动态监控情况的通报》等，将中央42项、省级33项以及市县相关资金纳入扶贫资金总台账，充分发挥扶贫资金动态监控优势，对扶贫资金预算下达、支付、绩效目标执行情况等实行实时监控，建立健全通报约谈机制，确保扶贫资金监管动态化、精细化、高效化。监控平台显示，2018年以来，湖北省纳入动态监控系统的资金达6709亿元，其中扶贫资金1213亿元。

4. 坚持阳光扶贫

落实“省、市、县扶贫资金分配结果一律公开，乡村两级扶贫项目安排和资金使用情况一律公告公示”的要求，对扶贫资金项目安排使用情况九个方面的内容，主动全面、分级分类、真实及时公告公示。改进公告公示办法，明确责任主体、内容要素、操作程序、办理时限、公开载体等要求，强化公告公示制度约束和激励引导。省级及时将扶贫资金管理制度、资金分配情况在湖北省财政厅公众网公告公示；市县级及时将年度统筹整合方案、资金分配及使用情况通过政府门户网站公开公示；乡镇、村在乡镇人民政府和村委会所在地公开公示资金使用情况、项目实施进展情况、资金拨付情况等。畅通信访受理渠道，广泛接受群众问询，对群众反映的公告公示事项存在的问题，认真调查核实，及时作出解释或处理。湖北省所有的扶贫资金项目均按照规定要求进行了公告公示，公告公示覆盖面、到达率进一步提升，有力保障了群众参与扶贫项目的知情权、监督权。

5. 坚持形成合力

积极配合湖北省委扶贫专项巡视、省人大“聚力扶贫攻坚、人大代表在行动”、省纪委监委“扶贫领域政策落实监察系统”大数据监督等专项监督检查。主动与纪检、巡察、审计等部门联系沟通，对财政监督检查发现的重大问题线索，按规定程序及时移交省纪委监委，2018 年以来，省财政厅向省纪委移送问题线索 116 条，形成强大威慑。

七、江西：时时监督　步步跟进

江西坚持从“事前、事中、事后”三个环节入手，时时监督、步步跟进，全过程提升财政扶贫资金管理水平。

（一）突出事前严格审核，审慎把好第一道关

以省政府办公厅的名义印发了《江西省统筹整合财政涉农扶贫资金实施方案》，明确了统筹整合具体项目资金、整合资金使用范围等。坚持将整合资金项目审批权限完全下放到县，由资金整合县根据年度脱贫任务和巩固脱贫成效需要确定年度计划整合规模。在全国率先开展了贫困县财政涉农扶贫资金整合方案和资金管理办法集中审核。市县财政部门按规定上报项目实施方案，省级层面实行“三审把关”的审核制度：一审由省财政厅联合省扶贫办、第三方机构进行审核；二审由省财政厅、省扶贫办联合其他省级行业主管部门审核；三审由省财政厅、省扶贫办报省脱贫攻坚领导小组进行审核，审核内容主要包括整合资金是否用于农村基础设施建设和农业生产发展上、项目预算是否合理等。据初步统计，通过省级层面“三审把关”，要求市县有关部门修改完善的扶贫项目占总项目的1/3。由于审核程序规范、把关严格，2016年以来，全省24个国定贫困县累计统筹整合财政涉农扶贫资金461.1亿元，年均实际整合率达99.57%，每年实际整合率

均接近百分之百。

（二）坚持事中全程管理，切实做到动态监控

1. 追踪核查，及时纠偏

依托财政扶贫资金监控平台，围绕扶贫资金支出进度等内容，会同驻厅纪检监察组，对扶贫资金动态监控系统的监测数据进行通报，对发现支出进度明显偏慢和支出疑点较多的地方，立即实地调研、重点核实，推动相关县（市、区）严格资金管理、提升资金使用效益，形成监督合力。

2. 每季通报，传导压力

为切实加快扶贫项目实施和资金支出，开辟扶贫资金拨付使用绿色通道，每季度调度各市县（区）财政涉农扶贫资金整合及支出进度情况，并及时下发财政涉农扶贫资金整合及支出进度情况的通报，督促各地加快资金拨付使用，并要求市县以钉钉子的精神狠抓落实。

3. 适时约谈，压实责任

建立资金支出进度约谈制度，对支出进度不达标、资金结转结余较大的县（市、区），约谈县（市、区）财政局长、扶贫办主任，推动相关县（市、区）加快项目实施和资金支出进度。2017—2019 年，财政专项扶贫资金（含质保金）当年结转结余率分别为 1.68%、2.63%、2.6%，1—2 年结转结余率分别为 0.13%、0.14%、0.10%。

（三）严格事后跟踪落实，不断压实监管职责

对脱贫攻坚专项巡视“回头看”、国家成效考核以及各类专项审计检查等发现的问题，认真分析问题原因，省级层面重点从严管资金、规范标准、统一政策等方面进一步建章立制、完善制度，并及时督促市县财政部门发挥就近就地优势，层层压实监管责任。省财政坚持以上率下、以下看上，做好系统抓、抓系统。以 2020 年为例，由厅党组书记、厅长朱斌同志等四位厅领导带队，采取“四不两直”方式，先后赴修水县、宜丰县等 9 个县（区）开展暗访调研，深入了解各项整改落实情况，督促市县落实各项整改任务。与此同时，省级层面每年组织开展财政专项扶贫资金绩效评价和财政涉农扶贫资金统筹整合综合评价工作，将年度考核结果全省通报并与财政专项扶贫资金分配挂钩，对年度考核结果为“优秀”的县（市、区），分配下达奖补资金；对年度考核结果为“较差”的县（市、区），扣减财政补助资金。

八、四川：贯穿全过程 聚焦全环节

扶贫资金是支持打赢脱贫攻坚战的“粮草军需”。管好用好扶贫资金，关系脱贫攻坚成色，体现脱贫攻坚质量，直接影响全面建成小康社会目标任务实现。近年来，四川突出过程管控、下足“绣花”功夫，围绕扶贫资金预算分配、使用管理、绩效评价和监督检查全环节，建章立制、筑牢藩篱，构建起了贯穿扶贫资金使用管理全过程的“铜墙铁壁”。

（一）构建责任体系，让扶贫资金有人管

坚持责任清晰、分工明确，着力在全省范围内建立起了党政同责的扶贫资金使用管理责任机制，切实压紧压实扶贫资金监管责任。

1. 落实主体责任

明确各级党委、政府是扶贫资金使用管理的责任主体，党委、政府主要负责同志对扶贫资金使用管理负总责，党委、政府分管负责同志对分管领域扶贫资金使用管理具体负责。各级脱贫攻坚领导小组及其办公室充分发挥统筹协调作用，重点强化扶贫项目资金精细化使用管理。

2. 落实直接责任

坚持“谁分配、谁管理，谁主管、谁负责”的原则，明确各级行业扶贫主管部门对扶贫资金分配、使用、管理、监督检查和使用绩效直接负责。督促省市有关部门履行好行业主管部门职能职责，加强对本行业扶贫项目资金工作的指导，杜绝“一分了之”“不管不问”。

3. 落实监管责任

明确各级财政、扶贫、纪委监委、审计等部门是扶贫资金的监管主体。认真履行监督检查职责，强化日常监管和专项监督检查，对违规违纪使用扶贫资金行为，依法依规严肃惩处，充分发挥震慑和警示作用。

（二）改革供给方式，让扶贫资金有保障

面对新常态下突出的收支矛盾和巨大的脱贫攻坚筹资任务，千方百计挖存量、优增量、增总量，持续稳定增加财政扶贫投入。

1. 强化资金投入

聚焦年度脱贫攻坚目标任务，围绕省委、省政府确定的年度“10 + N”扶贫专项实施方案，集中财力优先保障足额筹集落实全省脱贫攻坚资金需求。

2. 优化分配方式

坚持因素法分配扶贫资金，严格实行责任、权力、资金、任务“四到县”制度，除中央和省委省政府有明确要求外，省级只

下达额度，不“带帽”具体项目，全部切块到县，增强县级项目审批和资金安排自主性。

3. 专项库款保障

在全省21个市（州）和161个有扶贫任务的县同级国库开设财政扶贫资金支出账户，对财政扶贫资金实行专项调度、统一拨付，有效解决扶贫资金保障不到位的问题。

（三）创新使用方式，让扶贫资金更精准

坚持脱贫攻坚目标和现行扶贫标准，精准对接扶贫规划、项目和资金，确保扶贫资金围绕脱贫任务，聚焦贫困村贫困人口精准使用。

1. 精准对接脱贫攻坚项目库

为避免部分地方项目准备不充分、“钱等事”的问题，指导全省161个有扶贫任务的县全面建立脱贫攻坚项目库。县级在安排使用扶贫资金时，必须与脱贫攻坚项目库精准对接，做到规划、项目与资金“精准匹配”“无缝衔接”，确保扶贫资金精确“滴灌”。

2. 深入开展涉农资金统筹整合

严格落实“五项措施”，创新实施“六项制度”，探索建立“蓄水统配”“截长补短”“引流归口”等整合模式，推进贫困县涉农资金统筹整合取得显著成效，有效解决县级脱贫攻坚筹资难题，切实弥补农业生产发展和农村基础设施建设等脱贫攻坚“短板”。

3. 拓宽贫困群众持续增收渠道

创新建立四项扶贫基金，基金累计规模达到 128 亿元，有效解决了贫困人口上学、就医方面的现实困难和产业发展方面的长远生计。累计安排资金 12 亿元开展资产收益扶贫，覆盖贫困户 15 万余户。推行“担银企户”联动扶贫试点，金融机构为近 2000 户新型农业经营主体提供农业贷款担保 13.5 亿元，带动贫困户 3 万户。支持向有劳动能力的贫困人口购买劳务服务，成为生态护林（草）员、村内公益性水利设施巡管员等，让他们获得稳定的就业岗位和工资收入。

（四）优化支出方式，让扶贫资金支出快

始终把加快扶贫资金支出进度作为财政扶贫工作的重中之重，聚焦问题精准施策“靶向”治疗，全面加快扶贫资金支出。

1. 优化资金拨付方式

指导市县根据“程序不减、周期缩短”的原则，结合资金管理规定和扶贫项目建设实际，灵活选择预拨、提前下达或按项目实施进度等方式拨付资金。提高资金预拨比例，扶贫项目启动后，实施单位根据建设需要提出用款申请，经项目主管部门审核后，财政预拨部分启动资金。具体预拨比例，由县级视项目情况自行确定。

2. 创新调剂使用机制

对一些前期规划不实、资金对接不精准，或者实施有困难的扶贫项目，支持县级以中期调整的方式，将闲置的项目资金，调

剂用于其他建设进度快、资金需求急的项目。在保证扶贫资金投入总量不变的前提下，允许县级根据脱贫攻坚项目进度需求，按规定程序对项目间的年度资金进行合理调剂使用，切实加快资金支出进度。

3. 实行直接支付制度

对纳入专项库款保障管理的财政扶贫资金实行财政直接支付制度，资金支付全面纳入国库集中支付信息系统管理，实行全信息系统过程控制，确保资金更加快捷、安全地到达使用“终端”。同时，实行动态监控，定期通报约谈。对支出进度慢的地方，以省脱贫办名义进行通报，并抄送市级纪委监委，有效解决扶贫资金支出进度慢的问题。

（五）完善监管方式，让扶贫资金有效益

在加强日常监管的同时，充分利用现代信息技术，不断创新监管方式，确保扶贫资金安全高效使用。

1. 实施财政扶贫资金动态监控

用好财政扶贫资金动态监控系统，将中央和地方各级财政扶贫资金投入预算安排、指标下达和预算执行等有关信息录入系统，资金投向明确到具体项目和受益人。对各级各类财政扶贫资金预算分配下达、资金支付、扶贫项目资金绩效目标执行等情况进行动态监控、实时预警，实现项目资金数据可追溯、责任可倒查、红线可预警。

2. 建立惠民惠农财政补贴资金“一卡通”发放管理长效机制

在全省范围内推广实施惠民惠农财政补贴资金社会保障卡“一卡通”发放。加快推进社保卡办理，加快建设“一卡通”平台，实施大数据比对，实时全过程监控，建立起透明发放、精准补贴、方便群众、有效监管的“一卡通”管理机制，确保党的各项惠民惠农政策直通群众，实现阳光发放、全过程监管。

3. 探索村级智能代理记账新模式

针对因基层财务力量薄弱、管理不规范导致的扶贫资金“跑冒滴漏”问题，在51个贫困县、7905个村实施“互联网+精准扶贫智能代理记账”。运用互联网代理记账平台，通过扫描单据、采集信息、自动记账，规范村级财务和扶贫资金会计核算，数据平台与银行线上直联，实时监控账户资金动态，确保支付无误、账实一致。同步开发手机APP，面向村民开放资金使用等信息查询功能，通过身份登录随时查询本地扶贫资金收支情况和村级财务状况，让群众清楚知道每笔扶贫资金的流向，确保阳光扶贫、廉洁扶贫。

九、新疆：创新扶贫资金监管方式助力打赢脱贫攻坚战

新疆财政厅针对新形势下扶贫资金在管理使用上出现的突出问题，深入开展重点领域和关键环节的建章立制，不断完善扶贫资金监管政策设计，创新扶贫资金监管方式，建立健全扶贫资金监管“四项”机制，推动财政扶贫资金监管常态化持续推进，为精准扶贫精准脱贫提供坚强的资金保障。

（一）建立财政扶贫资金闭环监管机制

针对财政扶贫资金在基层滞留闲置、没有管住用好、绩效管理推进滞后等突出问题，2019 年上半年新疆财政厅按照财政扶贫资金能够“管起来、管得住”的思路，认真组织研究，健全监管机制，提出了闭环管理的要求，通过明确每项财政扶贫资金从筹集到分配下达、支出使用、绩效管理每个环节的工作任务，细化每个环节的工作责任，做好每个环节工作的具体要求，严格每个环节出现问题的责任追究，形成财政扶贫资金监管纵向从自治区到地州、县市，横向到每个处（科、股）室的闭环监管机制，反复修改完善并积极征求各级财政部门的意见后，研究制定了《关于进一步加强扶贫资金监管的意见》，进一步推动财政扶贫资金

监管常态化持续推进，变被动管理为主动监督，提高资金使用效益，打造扶贫资金“上下联动、协同推进、各负其责、各尽其职”的全过程监管模式，切实走好扶贫资金监管的“最后一公里”，实现扶贫资金全链条“闭环式”运行，筑牢扶贫资金安全“防火墙”，确保扶贫资金“管得住、用得好”。

1. 在财政扶贫资金筹集监管方面

盯住每年安排的财政扶贫资金严格按中央规定的增幅和规模要求足额筹集到位，明确各处室承担的扶贫资金筹集任务，落实扶贫资金筹集责任，建立资金筹集工作台账，确保各项扶贫资金严格按政策规定及时足额筹集到位。

2. 在财政扶贫资金分配下达方面

盯住资金不发生滞拨，在每个环节明确各级财政部门财政扶贫资金分配下达时限，新疆财政厅每 10 日对各处室收到的所有中央扶贫资金分配下达情况进行通报，对临近下达时限的处室及时进行提醒，确保财政扶贫资金在规定时限内及时分配下达。资金分配下达后，督促各地（州、市）财政局及时分配下达到县（市、区）财政局，县（市、区）财政局及时落实到具体项目，确保各项财政扶贫资金不产生滞拨。

3. 在财政扶贫资金支出使用方面

盯住财政扶贫资金必须合规使用，严格按照扶贫资金使用的政策，把资金使用和建档立卡结果相衔接，与脱贫任务成效相挂钩，增强资金使用的针对性和实效性，筑牢扶贫资金使用的“高压线”。落实自治区各级财政部门在国库专账核算、国库集中支付、资金支付审核和使用、加快资金支出进度、公告公示等制度方面的责任，坚决取消财政扶贫资金授权支付方式，一律采用直接支付方式，排除财政扶贫资金套取、挪用隐患。

4. 在财政扶贫项目资金绩效管理方面

盯住财政扶贫资金必须发挥效益，实施对扶贫项目资金预算的编制、执行、决算全过程绩效管理。扶贫项目资金的分配必须编制绩效目标、明确扶贫资金绩效目标的审核、执行监控、绩效目标完成情况评价、绩效评价结果运用的工作责任，建立扶贫资金绩效管理工作机制，实现财政扶贫资金“花钱必问效，无效必问责”。

5. 在强化责任追究方面

盯住违反政策规定行为，对新疆财政厅每个处室及地（州、市）、县（市、区）财政局在落实财政扶贫资金筹集、分配下达、支出使用、绩效管理每个环节各项工作任务和工作要求不到位的，均提出明确的责任追究要求，确保各级财政部门压实责任，高标准完成财政脱贫攻坚任务。

实行财政扶贫资金闭环监管机制以来，全区财政扶贫资金监管水平大为改进，各项工作均取得显著成效，基层财政扶贫资金滞拨、闲置、挪用、绩效管理推进滞后的难点问题得到有效解决。

（二）建立财政扶贫资金动态监控机制

针对财政扶贫资金监管难的问题，新疆财政厅建立了全方位、全过程、全覆盖的全区财政扶贫资金动态监管体系，将涉及脱贫攻坚的62项资金全部纳入动态监控，将财政扶贫资金是否足额筹集到位、是否及时分配下达、是否合规支出使用、是否落实绩效管理等情况做到实时监控，通过实时监控跟踪每一环节、每项资金的工作任务、工作要求、工作责任落实情况，充分发挥监控平台的“规范、警示、威慑、纠偏”作用。

通过动态监控系统紧盯财政扶贫资金动态监控预警信息，形成了分级负责，横向到边、纵向到底的网格化监管体系，做到发现问题立即整改。对于预算分配下达进度慢、资金支付进度慢、绩效编报录入进度慢，绩效项目填写不规范、录入指标未上传扫描件，以及在规定时限内未办结等事项，责成各级财政部门要在2日内解决处理；对监控平台监测到违反财政扶贫资金支付使用规定，将资金支付到非建档立卡贫困户、建楼堂馆所、列支津补贴交通费等疑似违规问题，责令各级财政部门在5个工作日内进行核实处理，核实处理后在监控平台制作处理单，如实记录纠正情况。对经核实确实不属于违规问题的，要在处理单上详细说明原因，例如发放给在公益性岗位就业的贫困户工资津贴符合政策规定，不属于违规列支津补贴。对核实后确属违规问题的，视问题性质和情节严重情况，采取通报、收回或暂缓拨付财政资金、追责问责、移交相关部门等方式进行处理，并将处理情况逐级上报。例如动态监控发现违规使用财政专项扶贫资金支付单位公车加油款，将扶贫小额信贷贴息资金支付至非建档立卡贫困户，均及时收回财政资金，并对相关责任人进行了严肃问责。

通过持续紧抓财政扶贫资金动态监控工作，财政扶贫资金滞留缓拨问题得到有效解决，违规使用扶贫资金问题得到及时整改，闲置浪费、使用不精准等问题得到有效控制，扶贫资金政策制度得到较好落实。2018年以来，通过监控平台预警问题，组织各级财政部门对预警提示的2.4万条数据进行跟踪查证，促进整改落实，共推送预警数据4083条，其中872条属于问题。对于存在的问题，财政部门牵头负责资金问题整改，纪检监察部门牵头负责纪律问题整改，违规部门落实问题主体责任。共收回资金上交国库 8701.8 万元，督促单位将实有账户扶贫资金 902.6 万元发放到建档立卡贫困户个人账户，以调整预算方式整改 385 万元，动态监控体系“利剑高悬”，发挥出强大的监管作用。

（三）建立财政扶贫资金视频调度机制

以发现问题、解决问题为导向，新疆财政厅切实转变工作作风，减轻基层负担，盯住县乡财政扶贫资金到位情况、资金拨付情况、资金拨付后使用情况、绩效管理落实情况，建立了区地县三级财政扶贫资金监管常态化视频调度机制，对发现的问题进行盯办整改。通过常态化研判调度，紧盯财政扶贫资金分配下达、支出使用、绩效管理各个流程，及时发现各地财政扶贫资金使用管理方面存在的问题，及时进行督促整改。同时，新疆财政厅通过电话问询方式，每日随机调度不少于 5 个县市，每周不少于 30 个县市，及时掌握基层落实监管责任情况。根据闭环管理和动态监控发现的问题，对存在问题的地州和县市直接调度，向有关地州财政局领导进行问询，对问题掌握不清，调度提出问题没有及时采取措施解决的财政局领导，现场提出严厉批评，并要求限时整改。2019 年以来已开展 19 次视频调度，提出涉及资金分配下达、绩效目标录入审核、资金支出进度、预警疑似违规的各类问题，均在当周整改落实。通过财政扶贫资金调度机制，全区上下联动，逐级落实了财政扶贫资金监管责任，进一步推动了全区财政扶贫资金安全管理、规范使用、高效发挥作用。

（四）建立财政扶贫资金监督检查机制

为进一步加强财政扶贫资金监管，组织必要的现场检查督促落实基层问题整改，加大对财政扶贫资金管理使用的督导检查力度，新疆财政厅连续5年组织第三方机构，采用会议座谈、内业检查、外业抽查等方式，对南疆四地州深度贫困县（市）扶贫资金的项目计划、方案审批、资金支出、项目实施、会计核算等进行专项检查，分析存在的问题，提出整改措施建议，督促抓好整改落实，并对基层扶贫干部“面对面、手把手”指导培训，教会工作方法、补齐工作短板。

通过扶贫资金监管“四项”机制的有效落实，聚焦各级财政部门责任主体，紧盯财政扶贫资金使用和管理的关键环节，进一步有效解决了扶贫资金范围不明确、重资金分配疏于后续管理、部门监管职责不清晰、全过程运行有缺失、监管大格局不健全等问题，坚持高标准、严要求，以严的过程实现好的结果，新疆财政基本形成了程序严密、权责清晰、监管有效的运行体系，确保了财政扶贫资金监管取得实实在在的成效。

第五篇　定点扶贫

一、财政部定点扶贫工作综述

财政部是国务院扶贫开发领导小组副组长单位，承担着脱贫攻坚投入保障、扶贫资金监管、提供财税政策支持及相关统筹协调、定点帮扶的任务，在打赢脱贫攻坚战中肩负着特殊的重要职责。党的十八大以来，财政部深入学习领会习近平总书记关于扶贫工作的重要论述，认真贯彻落实党中央、国务院关于脱贫攻坚的决策部署，强化投入保障，完善支持政策，加强资金管理，扎实开展帮扶，为包括平江、永胜在内的贫困地区脱贫攻坚取得决定性进展作出了重要贡献。

为履行好定点扶贫政治责任，财政部结合自身职能和定点扶贫县实际，真情实意搞帮扶，真金白银抓扶贫。2016 年以来，财政部协调联系各方资源，向湖南平江、云南永胜两个定点扶贫县投入各类资金 23.29 亿元，培训基层干部 6807 人次，培训技术人员 10962 人次，开展消费扶贫直接购买农产品 555.94 万元，帮助销售农特产品 1.18 亿元。在各方努力下，平江县、永胜县分别于 2019 年 3 月、2020 年 5 月实现脱贫摘帽。在 2018—2019 年中央单位定点扶贫工作考核中，财政部连续两年被评为“好”等次。

（一）健全机制、压实责任，确保部内上下“一盘棋”合力攻坚

财政部党组切实履行好定点扶贫政治责任，坚持把定点扶贫工作摆到重要议事日程，及时调整完善定点扶贫工作领导小组工作机制，由部党组书记、部长担任组长，分管农业农村和机关党建工作的副部长分别担任副组长，相关司局为成员单位，定期召开会议研究定点扶贫工作。研究制定《财政部加强定点扶贫工作方案》，建立七大工作机制，协调整合部门力量，统筹推进定点扶贫工作。部党组书记、部长认真履行定点扶贫第一责任人职责，亲自主持召开定点扶贫专题会议，前往定点扶贫县调研督导，部署推动相关工作。2017 年以来，部领导每年带头开展定点扶贫调研，实地考察推动脱贫攻坚工作。部内各单位都结合自身业务工作和职能特点，认真落实帮扶责任，到定点县调研对接，结合各自职能职责，研究具体帮扶措施，推动解决实际问题。2019 年 11 月，国务院扶贫办主要负责同志对财政部定点帮扶工作给予充分肯定，认为财政部对定点扶贫高度重视，建立定点扶贫工作机制，构建较为完备的工作体系，成效明显。国务院扶贫办《扶贫信息》先后 6 次刊载财政部定点扶贫相关经验做法。

（二）选优派强、尽锐出战，确保定点扶贫干部能打仗、打胜仗

打赢脱贫攻坚战，干部是关键因素。财政部按照“尽锐出战”的要求，选派精兵强将到定点扶贫县挂职，在脱贫攻坚一线干事锤炼。选派挂职扶贫干部时，充分考虑定点县实际，从业务

对口司局选派能力突出的干部到县里挂职，选派具有农村工作经验的青年干部到贫困村担任第一书记，并成立驻平江、永胜定点扶贫工作队，由正处长级挂职干部分别担任队长。2016 年以来，财政部累计选派 20 名干部到定点扶贫县工作。这些干部沉在一线、全心投入，冲锋陷阵、加油苦干，赢得当地干部群众高度肯定。2016 年以来，先后有 6 位扶贫干部获得中央和国家机关工委、团中央和湖南省、云南省表彰奖励，多项工作被省市县作为典型经验进行推广。平江驻村第一书记创建的“三人小组”村级治理模式被岳阳市组织部大力推广，相关做法被《经济日报》整版刊载。云南省委扶贫调研组在报告中评价，财政部对永胜县的帮扶“堪称定点扶贫的典范”，云南省将财政部定点帮扶永胜工作经验印发各地参阅。

（三）“解剖麻雀”、改进政策，确保政策“试验田”发挥有效作用

财政部将定点扶贫县作为财政政策的“试验田”，积极发挥中央、省、市、县四级财政部门联动作用，在帮助定点扶贫县引进项目资金解决实际困难的同时，通过“解剖麻雀”检验各项财政扶贫政策落实效果，不断改进财政扶贫工作。一方面财政部在符合国家相关政策规定的前提下，对定点扶贫县道路交通、农业开发、水利发展、社会保障、教育科技、文化旅游、生态环保、金融信贷、电信服务、PPP 推广等方面加大支持力度，帮助夯实脱贫攻坚和经济社会发展基础。另一方面，将定点扶贫县作为财政扶贫政策试点县，先行先试，帮助完善宏观扶贫政策。近年来，财政部在平江、永胜率先建立财政扶贫资金绩效管理动态监控机制、率先作为政府采购贫困地区农副产品首批试点县、率先

推进融资担保扶贫专项产品实质性落地、率先运用保险工具建立防止返贫致贫机制等，在定点帮扶的实践中推进财政扶贫机制的创新完善。

（四）做强产业、增加就业，确保脱贫攻坚成果能稳固、可持续

财政部始终将产业扶贫和就业扶贫作为帮扶重点，结合当地实际，支持培育优势特色产业，在提高脱贫持续性、稳定性上下功夫。协调支持平江县发展茶叶、油茶、中药材产业，支持培育休闲农业和乡村旅游、农村电商等新型业态，“两茶”产业和休闲旅游业成为带动平江县稳定脱贫的重要支撑。帮助永胜县引进龙头企业，大力发展订单产业，发展食用菌、魔芋、沃柑、软籽石榴种植，打造10万亩红高粱基地，推动解决金沙江干热河谷地带集中贫困区没有产业支撑的问题。大力实施消费扶贫，帮助定点扶贫县加强与电商企业、电视媒体、直播平台等合作，拓展特色产品销售渠道。鼓励引导部内各单位、干部职工购买定点扶贫县产品，机关工会发放职工福利优先采购定点扶贫县产品。积极组织产销对接，以消费助力产业发展。

（五）党建引领、强化培训，确保脱贫致富内生动力不断增强

财政部坚持以抓党建促脱贫攻坚为抓手，推动定点帮扶县加强基层组织建设，加大教育培训力度，在增强内生动力上持续发力。探索实践部机关基层党组织、乡镇党委、村党支部与驻村干部、致富带头人共同协作的“3+2”基层党组织对接帮扶机制，

选取 10 个基层党组织结对帮扶定点县 10 个贫困村，帮助贫困村党组织提升组织力，增强发展动力。依托财政培训资源，吸引社会力量参与，立足定点县需求，从资金管理、廉政教育、扶贫技术、就业技能、电商推广等各个方面，对平江和永胜县、乡、村三级扶贫干部以及专业技术人员进行培训，进一步提高扶贫干部和贫困群众脱贫能力素质。对接联系专家到定点县进行食品加工、果树种植等技术指导，协调帮扶村党员干部外出参观学习先进经验，开阔视野、激发动力。

二、财政部帮助定点扶贫县全面实施预算绩效管理

为贯彻落实好习近平总书记在党的十九大报告中提出的“建立全面规范透明、标准科学、约束有力的预算制度，全面实施绩效管理”重要精神，财政部把提高定点扶贫县预算绩效管理水平作为定点帮扶工作的重要内容，指导云南省永胜县建立了全方位、全过程、全覆盖的预算绩效管理体系，实现预算和绩效管理一体化，县级绩效管理理念和能力得到了较大提高，“花钱必问效，无效必问责”的机制初步建立，为永胜县管好用好各类扶贫资金，高质量打赢脱贫攻坚战提供了坚强保障。

（一）坚持构建预算绩效管理的制度框架

2018 年以来，财政部向永胜县派驻了由 3 名挂职扶贫干部和驻村第一书记组成的定点扶贫工作队。定点扶贫工作队配合财政部云南监管局及省市县财政部门，围绕扶贫项目资金绩效管理的内容和环节，帮助永胜县建立涵盖绩效目标、绩效监控、绩效评价、评价结果应用等管理制度，制定预算绩效管理的工作流程和实施细则，建立实用高效、便于操作的业务规范和规章制度。先后制定出台了《关于全面实施预算绩效管理工作的通知》《永胜

县级财政预算绩效管理暂行办法》《永胜县级部门财政支出绩效自评暂行办法》《永胜县县本级预算绩效跟踪管理暂行办法》《永胜县级财政支出预算绩效评价操作规程（试行）》《永胜县县级项目支出预算绩效目标审核工作规程》，形成了层级配套、互相衔接、覆盖到位的制度体系，实现了预算绩效管理常态化、规范化，全面预算绩效管理新格局初步形成。

（二）坚持建立全过程预算绩效管理链条

1. 加强预算绩效目标管理

为切实抓好绩效目标申报这一基础环节，财政部有关司局会同驻永胜县工作队，多次组织举办由各部门和乡镇分管领导及业务经办人员参加的扶贫资金绩效管理培训，明确了“谁使用、谁主管，由谁负责填报绩效目标”的原则，建立了财政资金的全过程预算绩效管理，绩效目标同项目实施方案实现了同步申报、同步审核、同步批复。严格规范开展绩效目标的审核。财政部预算司等对永胜县的绩效目标评审工作进行“面对面”沟通、“手把手”辅导，做到了绩效目标指标清晰明了、填报到位，经得起查、耐得住问。

2. 加强绩效监控动态管理

在绩效目标编制全覆盖的基础上，财政部帮助永胜县依托扶贫资金动态监控平台开展了扶贫项目资金绩效目标和预算执行“双监控”，促进预算执行与绩效管理深度融合。通过绩效运行监控对项目进展、资金使用、绩效目标完成情况等进行分析，对预算执行进度缓慢、绩效目标实现程度较低或偏离预期目标的项目提出预警，督促部门采取措施予以纠正，确保绩效目标保质保量如期实现。

3. 加大绩效公开力度

在各方帮助下，永胜县于2020年6月30日前完成了全县76个资金预算单位2019年县本级预算绩效自评工作，预算绩效自评结果报县财政局并在县人民政府门户网站进行公开公示，自评资金总额共231821万元。通过自评，让资金使用单位进一步认识到了预算绩效工作的重要性，主动接受社会监督，促进部门和资金使用单位提高绩效管理水平。

4. 加强绩效结果应用

一方面，财政部驻永胜县工作队指导县财政、审计等部门对扶贫项目资金绩效自评结果进行抽查，绩效自评结果和抽查结果作为有关部门和单位改进管理、调整财政支出方向和安排以后年度预算的重要依据。另一方面，通过竞争性谈判，帮助引入第三方中介机构对永胜5个县直部门和3个乡镇开展整体支出和重点项目绩效评价，并将评价结果及时反馈有关部门和单位，要求其对发现的问题进行整改，并且将绩效评价结果作为以后年度财政资金分配的重要依据，建立激励约束机制，硬化预算和绩效管理“双约束”，对财政资金实施全过程预算绩效管理。

（三）坚持健全预算绩效管理的组织体系

为全面落实预算绩效管理工作，财政部驻永胜县工作队配合永胜县委县政府，推动成立永胜县全面实施预算绩效管理领导小组，搭建预算绩效管理的组织体系。组长、副组长由县委、县政府主要领导兼任，成员由各乡（镇）、各部门主要负责人担任。领导小组办公室设在县财政局，办公室主任由县财政局局长担任，负责研究拟定预算绩效管理制度、实施细则、组织实施本级预算绩效管理工作，指导本级部门和下级财政部门实施预算绩效管理等日常工作。各乡（镇）、各部门成立全面实施预算绩效管理推进协调机构，督促指导有关预算绩效管理政策措施的全面贯彻落实，确保预算绩效管理工作延伸落实到基层单位和资金使用终端。

在财政部的督促指导下，永胜县完成了全面实施预算绩效管理政策制度体系的构建，实现了县本级预算绩效目标编制审核公开的全覆盖，连续两年完成一般公共预算资金绩效自评和自评结果公开的全覆盖，县级全面开展财政资金绩效监控工作走在全省前列，全方位、全过程、全覆盖的预算绩效管理体系在永胜县全面实施预算绩效管理工作中已基本得到落实。通过预算绩效管理工作，永胜县真正把有限的资金分配好、管理好、使用好，把“好钢”用在“刀刃”上，以精细化管理提高资金使用效益，以提高资金使用效益缓解财政收支压力，为永胜县与全国一道如期打赢脱贫攻坚战，如期全面建成小康社会、实现第一个百年奋斗目标，为开启全面建设社会主义现代化国家新征程奠定坚实基础。

三、建立七项机制　发挥职能优势
——财政部扎实推进定点扶贫工作

财政部认真贯彻中央决策部署，不折不扣落实中央脱贫攻坚要求，结合定点扶贫县实际，研究制定《财政部加强定点扶贫工作方案》，充分发挥财政部政策优势和业务优势，逐步建立并完善了定点扶贫“七项机制”，有效推进了定点扶贫各项工作。

（一）完善部定点扶贫工作领导小组工作机制

财政部党组高度重视定点扶贫工作，把定点扶贫工作摆到重要议事日程，多次召开会议进行专题研究，并明确由部党组书记、部长担任定点扶贫工作领导小组组长。坚持部定点扶贫工作领导小组议事机制，定期听取领导小组办公室汇报工作进展情况，相关司局汇报定点扶贫工作对接情况。部党组切实把定点扶贫作为一项重大政治任务扛在肩上，以上率下，率先垂范，凝聚起了完成定点扶贫任务的坚定决心和坚强信心。

（二）构建部内单位之间的横向协作机制

部内各单位之间加强协作，业务互补，统筹协调资源，形成定点扶贫工作合力。建立各单位定点扶贫责任制和联络员制度，明确专人负责定点扶贫工作，分别确定了 1 名司局级负责人和 1 名处级联络员。根据各项工作进展情况，领导小组办公室不定期组织召开相关单位工作协调会议，研究推进定点扶贫工作任务。

（三）强化四级财政部门纵向联动机制

发挥财政系统上下联系紧密的优势，进一步健全财政部和定点县所在省、市、县四级财政部门定点扶贫工作联动机制。财政部驻定点县挂职干部、驻村第一书记与省财政厅挂职干部共同组建扶贫工作队，形成扶贫合力。发挥驻云南、湖南两省监管局事前监管和就近指导优势，协同省、市财政部门帮助两县严格落实扶贫政策，确保扶贫资金使用管理规范到位，不出“乱象”。依托各级财政部门，畅通需求反馈、资金下达和信息交流渠道，确保定点扶贫政策和措施向下落实不“减力”，扶贫问题和需求向上反馈不“失真”。

（四）坚持双向调研交流机制

部定点扶贫工作领导小组统筹安排调研交流活动。一是让部内各单位“走下去”。部领导多次带队开展调研，会同省级财政部门，实地了解脱贫工作进展，精准对接帮扶需求，把脉会诊，并督导提醒定点县负责同志不断强化担当意识、切实落实主体责任、坚持聚焦“六个精准”，传递扶贫攻坚责任压力。二是将地方干部“请上来”。邀请定点县负责同志参加部内定点扶贫工作相关会议并介绍脱贫攻坚进展情况，就有关项目对接相关司局，共商精准扶贫举措，不断增强两县党委政府脱贫攻坚信心。三是贯彻落实习近平总书记关于关心支持基层一线扶贫干部的重要指示精神，定期看望慰问两县扶贫干部和贫困群众。

（五）探索基层党组织对接共建机制

在推进抓党建促脱贫攻坚方面不断发力，积极探索财政部基层党组织、乡镇党委和村支两委会与驻村扶贫干部、致富带头人统筹协作的“3＋2”基层党组织对接机制。选取10个基层党组织结对帮扶定点县10个贫困村，定期组织对接团队深入贫困村开展对接帮扶，发挥政治优势和组织优势，充分了解社情、民情、贫情，帮助解决实际困难，扎实推动措施落实到位。从机关党委党费结余拨付一定资金用于帮扶定点县，支持两县贫困村发展集体经济，修缮村党支部学习、活动场所和改善贫困地区基础设施。同时，鼓励各基层党组织和群团组织开展有针对性的认捐活动。

（六）创新信息报告机制

财政部深入发掘脱贫攻坚中总结形成的先进典型和成功案例，讲好财政扶贫故事。一是创立《财政部定点扶贫简报》，及时汇总发布扶贫一线信息及各相关单位定点扶贫工作进展情况。二是梳理宣传挂职扶贫干部工作事迹，为中央国家机关定点扶贫工作创造了好的经验。三是学习宣传和先念、李进祯等同志先进事迹，树立财政扶贫工作优秀典型，激发部内各单位、各级财政部门和定点县干部群众不忘初心、牢记使命的事业心责任感。

（七）强化督促考核机制

采取有效方式传导压力，督促各单位落实帮扶责任。一是进一步细化分解定点扶贫各项工作任务，逐项明确责任单位，对各项工作任务进展情况实施动态跟踪，并定期汇总向部定点扶贫工作领导小组和定点县反馈。二是将各单位发挥职能作用、采取措施帮扶定点扶贫县脱贫攻坚情况纳入年度党建述职评议考核，与各单位主要负责同志年底考核和评优评先结合，加强对各单位定点扶贫工作的督促考核。

四、推行“三人小组”机制提升村级治理水平

——财政部选派驻村干部促进基层有效治理

2017 年 7 月以来，财政部选派的驻村第一书记先后在平江县丽江村和泊头村推行村民小组“三人小组”机制，积极探索村级组织治理模式创新，调整完善村民小组治理结构，有效充实了村民小组工作力量，促进了基层有效治理。

（一）调整村民小组治理结构的背景及做法

村民小组是村委会之下的一个治理层级，村级大量的政策任务落实需要依靠村民小组一级具体承担。当前，村民小组的治理结构普遍采用的是村民小组组长负责制，从实际上看，由于实行小组组长单一负责制，客观上存在缺乏监管、缺少公信力、执行力等多方面问题，难以发挥村民小组应有的作用。

丽江村和泊头村探索调整村民小组治理结构，即由原一位小组组长调整为“三人小组”（包含一名小组组长、一名党员、一名村民代表），同时做好以下工作：一是明确工作职责。村民“三人小组”主要职责包含办理本组各项事务和集体财产、协助村“两委”办理本村公共事物与对村民进行法制宣传和道德教

育、负责化解本组矛盾纠纷、婚丧礼俗整治、家风家训传承等事项。二是规范运作程序。明确村民“三人小组”在某项提议形成决议前，要召开村民小组会议，所作决定应经过三分之二以上与会人员的通过，提交村“两委”审核后方可执行，重大事项由村“两委”商议后再提请党员大会审议和村民代表大会决议。三是加强财务审批。村民小组各项财务支出凭证，需“三人小组”成员共同签字后报销入账。四是明确村组事权分工。村民小组主要管理本组公共事务和集体财产、发展本组经济，由“三人小组”向村“两委”反映本组村民的利益诉求协助村委会办理本村公共事务，向本组村民传达相关法律法规和政策规定等；村“两委”对来自各村民小组的利益要求进行综合协调，对各小组之间的纠纷进行调节，并负责向村民小组传达相关法律法规和政策规定。

（二）调整村民小组治理结构后的成效

“三人小组”制度首先在丽江村的 3 个村民小组试点，并取得良好成效，随后推广到全村 21 个小组。从丽江村一个时期的运行情况看，新型村级治理机制逐渐显示出生机活力，受到广大农村党员群众的普遍认可。在总结相关经验后，“三人小组”制度又在另一个帮扶村泊头村所辖 18 小组全面推广，并取得了立竿见影的效果。

1. 发挥了村“两委”领导核心作用

在推行“三人小组”机制过程中，村“两委”明确了村级与组级事权划分，规定了村民小组“三人小组”的主要职责和成员产生程序，从制度上强化村“两委”在村务决策、管理、监督工作中的领导权，确保了各项政策要求能更直接、更有效地贯彻落实到农村最基层。根据任务需要，村“两委”适时召开各组“三人小组”会议，进行政策宣传和任务部署，再由“三人小组”到各组各户传达和动员。

2. 增强了队伍力量，打通了为民办事“最后一公里”

建立“三人小组”使村民小组变为一个真正的团队，大局意识、协作思维和服务精神有了载体，使农民自治组织化水平获得了提升。组长、党员、村民代表是组内三名不同类别的成员，利于整合意见，平衡农村现行分配制度下的各方利益。三者相辅相成、群策群力，增强了村民小组治理上的执行力，提升了村民小组思想上的凝聚力，提高了村民小组决策上的公信力，从而便于更好地为组服务、为民服务。

3. 发挥了普通党员作用，夯实了基层党建基础

村民小组作为农村最基层的组织单元，确定一名党员作为“三人小组”成员，是加强农村基层党建的一个有效切入点，较好地解决了农村普通党员发挥难、难发挥的瓶颈，激发了普通党员干事创业的热情，打通了党员联系服务群众的“最后一公里”，推动党员更好发挥先锋模范作用，夯实了农村党建基础。

4. 增强了群众参与度和满意度，提升了内生动力

“三人小组”机制推行后，组长、村民代表均由各村民小组民主选举产生，村民小组的日常事务由三人共同谋划、共同组织、共同带头，凡涉及本组发展方面重大决策，必须召开村民小组会议决议。该机制保障了村民对基层事务的知情权、参与权和监督权，杜绝了村民小组“拍脑袋”决策和“一言堂”等工作方式，使民主决策、民主监督、民主管理得到有效落实。

5. 拉近了党群干群关系，改善了社会风气

“三人小组”作为畅通党员群众反映意见和建议的渠道，能够更直接地加强党组织和党员、群众的联系，可以实时掌握党员群众思想、工作、学习、生活和愿望需求等情况。村“两委”召开“三人小组”联席会议，认真查找薄弱环节，提出改进意见，及时化解社会矛盾，维护农村稳定。

乡村治，百姓安，国家稳。党的十九大报告将“治理有效”作为实施乡村振兴战略的总要求之一，并明确提出“加强农村基层基础工作，健全自治、法治、德治相结合的乡村治理体系”，“三人小组”机制是创新乡村治理模式的一次有益探索。目前，平江县已全面推广村民组务“三人小组”机制，岳阳市也将此作为新型乡村治理模式在全市进行试点并推广。